MW01243188

CÓMO APRENDER
ÁRABE
EN 30 DÍAS

Fatima Khalida Rasheeda

ÍNDICE

PREFACCIÓN

"*In sha' Allah*", "*Yalla*"… ¡Imáginate cúantas veces has oído esas palabras! Efectivamente el árabe, entre teledíarios e palabras agarradas a nuestros vecinos emigrantes, acaba con el ser un idioma al cual tenemos que acostrumbrarnos.

Y tú, querido lector, si has arbitrariamente querido leer ese libro, es porque eres conciente de eso y quieres saber más. Tu decisión es buena, sea lo que sea la razón, de mátriz cultural o linguística, no importa cual, que te induce al descubrimiento de ese idioma. Por cierto, al leer ese manual, te quedarás satishecho.

Nosotros intentaremos con el fornecer *el abc* en ambos las matrices, la linguística y la cultural, a través simples comentarios y casos especiales, así que, por lo menos tú sepas expresarte sin quedarte mal, (desde el punto de vista cultural y científico) con una de muchas personas cuya lengua nativa es el árabe y créme son muchas, ya que el árabe es el idioma oficial en 22 páises.

Sin embargo, profundizaremos el lado linguístico. Empezaré con el asegurarte diciéndote que las expresiones famosas "¿Qué hablas árabe?" o "¡Me parece árabe!" no tienen muchas razones para ser verdad. Por supuesto, no es un idioma tan cercano al nuestro, pero te sorprenderán las similitudes y el parentezco que existen entre los dos idiomas, especialmente con respecto a la estructura de las oraciones y el uso de los tiempos verbales. No son bagatelas y si ya has aprendido o estás aprendiendo otro idioma, ya sabes lo importantes que son estos aspectos. También te sorprenderán sus regularidades, presentes tanto a nivel lexical como morfológico.

Además, es precisamente la diversidad del árabe en consideración a las lenguas europeas lo que te facilitará el aprendizaje; descubrirás nuevas formas de pensar y concebir

13

un idioma, descubrirás lo poderoso y fascinante que puede ser este idioma con sus sonidos un tanto particulares, y día a día querrás saber más y más; en definitiva, quedarás magnetizado por su encanto. Si, de hecho, toda la clase de árabe de primer año, al escuchar sus"formas", tiene una expresión de éxtasis, ¡hay una razón!

Hablando sobre todo de los sonidos, no te desanimes: al principio será difícil saber reproducirlos pero, con un poco de práctica diaria, ¡saldrán sin que te des cuenta! Su belleza valdrá la pena por tu paciencia, lo prometo.

En cuanto a la estructura del manual, sin embargo, está dividido en 30 capítulos, cada uno de los cuales corresponde a un día; en cada uno encontrarás una carga de trabajo no excesiva, ejercicios que te permitirán aplicar de inmediato las reglas más simples (y las menos simples) para poder formar tus oraciones de forma independiente. Al final de cada capítulo encontrarás un pequeño resumen del tema o particularidad a la que debes prestar más atención.

Dicho esto, ¡definitivamente aprenderás el idioma árabe, "in sha Allah"! (literalmente "si Dios quiere"); expresión muy utilizada y que en ocasiones puede corresponder a nuestra "esperanza".

1. LAS PRIMERAS LETRAS DEL ALFABETO Y LA VOCALIZACIÓN

Como probablemente sepas, **el idioma árabe, a diferencia de nuestros idiomas europeos**, se escribe de **derecha a izquierda.**

Además de esto, necesita conocer otras **4 peculiaridades relacionadas con la escritura del idioma árabe**, antes de comenzar a escribir:

1. **Sólo se escriben en cursiva**; las letras tienen que escribirse unas ligadas a otras, y de la parte derecha y de la parte izquierda, excepto UNOS POCOS CASOS.
Sólo **séis letras**, de las cuales cinco serán tratadas en ese capítulo, **no se atan a la izquierda**, es decir; sí se atan a la precedente pero **no** a la siguente.

2. CASI SIEMPRE las letras tienen **3 modalidades de escritura,** a según de su posición en la palabra: inicial, central o final.

3. Casi exclusivamente se esciben las consonantes.
Las vocales cortas sólo están reportadas en textos particulares, como los manuales de enseñanza y están representadas con unos signos **encima de la consonante.** Esa manera de escribir se llama **VOCALIZACIÓN.** Han sido sacadas, a lo largo del manual, a medida que Ustedes seyan capacez de leer pefectamente sin necesidad de esos.

4. Lo mismo acae por el signo indicando una doble; comienzando con el ser subrayado y transcrito hasta cuando Ustedes no tendrán más necesidad. Así dicho, **el alafabeto árabe conta con 28/29 letras,** según cuanto reportado por las escuelas de grámatica. Nosotros optamos con trascribir 29 de esas, para mayor completitud, y vamos a ver en esa primera unidad las primeras 14, relativamente a su diferente manera de escribirse y de pronunciarse.

Ahora mira este video introductorio:
https://www.youtube.com/watch?v=4wRUmfC2mSU
Antes de continuar, revise el video y aprende la pronunciación de las letras.

1.1. TABLA DE LAS PRIMERAS LETRAS DEL AL-FABETO

Como hemos dicho antes, hoy serán reportadas **5 letras** (el **alif** y el cuarto y el cuinto grupo) que **no se atan a la izquierda,** por lo tanto la letra siempre se escribirán en dos maneras y será un poco más lejana de la que sigue. Pero no mucho; porque pertenece siempre a la misma palabra.

En la tabla siguiente, encontrarás la primera parte del alfabeto, repartida por grupos de letras compartiendo la forma.

1º GRUPO

Letra aislada	Letra posición inicial	Letra posición central	Letra posición Final
Hamza ء	ئ أ	1 ع	ع
Alif ١	١	١	١

La grafía de la **hamza** es particolarmente compleja porque necesita de apoyarse y ese suporte varía.

17

Para el momento lo importante es que tú sepas escribirla en posición inicial; al empiezo de <u>palabra siempre tiene el mismo apojo,</u> el **alif,** es decir la secunda letra del alfabeto, pero la vocalización puede cambiar. Al empiezo no está transcrita.

Hamza: una especie de C con la cola

Alif: se escribe como una i

18

2° GRUPO

Primer grupo de letras que se diferencian por los puntos.

Letra Aislada	Letra posición inicial	Letra posición central	Letra posición final
Ba ب	بـ	ـبـ	ـب
Ta ت	تـ	ـتـ	ـت
Tha ث	ثـ	ـثـ	ـث

Nota: para memorizar las letras del alfabeto árabe, te voy dar un pichu . Intenta con asociarlas a unas cosas que puede memorizar facilmente. La **TA**, por ejemplo, rellama a una "carita sonriente"; la **THA**, al contrario, una "carita sonriente" con un lunar en la frente.

Gracias a este truco, podrás memorizar letras árabes mucho más rápido

3° GRUPO

Secundo grupo de letras que difieren en puntos pequeños.

Letra Aislada	Letra posición Inicial	Letra posición central	Letra posición final
Gim ج	حـ	ـحـ	ـج
Ha ح	حـ	ـحـ	ـح
Kha خ	خـ	ـخـ	ـخ

4° GRUPO

No se atan a la izquierda.

Letra aislada	Letra posición inicial	Letra posición central	Letra posición final
Dal د	د	ـد	ـد
Dhal ذ	ذ	ـذ	ـذ

5° GRUPO

Letra aislada	Letra posición inicial	Letra posición central	Letra posición final
Ra ر	ر	ر	ر
Za ز	ز	ز	ز

6° GRUPO

Letra aislada	Letra posición inicial	Letra posición central	Letra posición final
Sin س	س	س	س
Shin ش	ش	ش	ش

1.2. Símbolos indicando vocales

Aquí están los signos que indican las **TRES** vocales presentes en el **idioma árabe.**

Signo	Vocal	Ejemplo	Pronuncia ejemplo
○ó **Guión encima de la consonante**	A	بَ	**BA**
○ọ **Guión abajo de la consonante**	I	بِ	**BI**
○ỏ **Medio circulito encima de la consonante**	U	بُ	**BU**

1.3. Símbolos indicando una doble

El signo indicando una doble es :

Signo	Ejemplo	Pronuncia del ejemplo
شّ ⭕⭕ W redondeada encima de la consonante	حُبّ	Hubb

Nota FONÉTICA:

Además de aprender a escribir las letras del alfabeto árabe, es fundamental que, desde el principio, también aprendas a pronunciarlas según su correcta fonética.

En este sentido, creo que la forma más efectiva es practicar a través de un soporte audiovisual, por eso te recomiendo que primero aprendas a escribir todas las letras y luego a pronunciarlas, gracias a la ayuda del siguiente video:

https://www.youtube.com/watch?v=Off4YpzQVzY

1.4. Cómo aplicar lo que has léido: unos ejercicios

EJERCICIO 1

Escriba las siguientes sílabas en el alfabeto árabe.
1 gib; 2 bāb; 3 Hadd; 4 akh;

Ejemplo:

Gib: ¿con cuántas palabras consta la letra? 3: dos consonantes y una vocal corta. Las dos consonantes son: *gim* y *ba*. El primero es el *gim* en posición inicial, así que voy a ver cómo se escribe cuando esté en esa posición (ver tabla). El segundo es un *ba* pero como también es el último, ya que la palabra consta de solo 2 letras, iré a ver cómo se escribe en la posición final.
¿Y la vocal corta? Dado que el sonido es posterior al gim, debes escribir el signo correspondiente (¿recuerdas cuál es?) Debajo del gim.

NB: ¡recuerda que tienes que escribir de derecha a izquierda!

Solución:

25

EJERCICIO 2

Escriba la pronunciación de las siguientes sílabas.

جِب	ثَج	باح	خُب	بَد
دِز	زاث	رُش سار	بُث	

Ejemplo: (lectura de la derecha, como se hace normalmente en árabe)

بَد : la palabra se compone de 2 consonantes y una vocal corta.

¿Cuál es la letra que tiene un punto debajo? El *ba*.
¿Qué signo de ortografía está por encima de ba?
¿Es un semicírculo o un guión? Un guión, así que lo vocalizaré con A. La última letra es una especie de C pero escrita al revés... ¿te recuerda algo? ¡Es una *D*!

Solución: bad

1.5. Soluciones y explicaciones

Solución Ej. 1

4 أَخ	3 حَدّ	2 باب	1 حِب

1: ver explicación anterior.

2: está escrito de esta manera ya que la palabra está formada por 3 letras: una vocal larga y dos consonantes. La primera consonante es una *b* y entonces la *b* se escribe en la posición inicial, la segunda es la *ā* y luego verás cómo se escribe en la posición media. La tercera es nuevamente una *b* pero, como la *ā* no permite adjuntar otra letra después de ella, escribirás la *b* en una posición aislada y no en la posición final.

3: se escribe de esta manera ya que la palabra está formada por dos consonantes: la primera consonante, la *H*, se escribirá en la posición inicial y como también es portadora de una vocal corta, la *a*, se escribirá un guión encima. La segunda letra es la *de* y luego veremos cómo está escrita en la posición final. Ten cuidado porque es doble y, por lo tanto, debe dibujar el símbolo doble encima de la consonante.

4: está escrito de esta manera ya que la única letra que no se transcribe al principio de la palabra es la *hamza*, que al principio de la palabra siempre va acompañada de un *alif*. A su vez, *la hamza* admite una vocal corta a. luego escribirás el *alif* con una hamza encima y el signo de la vocal corta a encima de la hamza.

La segunda letra es un *kha* que se escribirá en una posición aislada y no final como el *alif*, aunque en este momento solo funciona como apoyo, no permite adjuntar una letra después de sí misma

Solución Ej. 2

(lee la tabla empezando por la derecha)

gib	thag	bāH	khub	bad
diz	zāth	rush	sār	buth

Los secretos revelados en este capítulo

. Algunas letras no se unen a las otras de la izquierda, es decir, a la siguiente, ya que en árabe las letras se escriben de derecha a izquierda. ¿No recuerdas cuáles son? ¡Ve a verlo!

. ¡Presta atención a los rasgos peculiares de las letras! Algunos difieren solo en la cantidad o presencia de los puntos, como el *"ta"* y el *"tha"* o el *"sin"* y el *"shin"*.

. Para memorizarlos más rápido, te sugiero que asocies una emoción, un objeto, un animal o lo que prefieras a las letras: ej. la letra *"za"* está parecida a un punto y coma, la letra *"ta"*, con sus dos puntos hacia arriba y una especie de curva abajo, se asemeja a una carita sonriente.

2. PRIMERA PARTE DEL ALFABETO (desde ص hasta ي)

2.1. Segunda parte del alfabeto

Las letras están divididas en más grupos, a facilitar la memorización.

Primo gruppo: Las letras enfáticas.

Letra aislada	Posición Inicial	Posición central	Posición Final
Sad ص	ـصـ	ـصـ	ـص
Dad ض	ـضـ	ـضـ	ـض
Ta ط	ط	ـطـ	ـط
Za ظ	ظ	ـظـ	ـظـ

N.B. **Pronuncia enfáticamente**: pronuncia más "duro", el sonido viene de la garganta (consulte el video de Fonética recomendado).

Segundo grupo: ¡Solo un punto los diferencia!

Letra aislada	Posición inicial	Posición central	Posición final
'Ein ع	ع	ﻌ	ﻊ
Rein غ	غ	ﻐ	ﻎ
Fa ف	ﻓ	ﻔ	ﻒ
Qaf ق	ﻗ	ﻘ	ﻖ

N.B. En este grupo, presta atención a la F y la Q. Además de su número de puntos, también difieren en su escritura en la posición final: la curva de la F en la posición final descansa sobre el pentagrama, la curva de la Q va por debajo el personal.

Tercer grupo: Agárrate fuerte ... ¡Siempre cambias!

Letra Aislada	Posición Inicial	Posición central	Posición Final
Kaf ك	S	ک	ك
Lam ل	ل	ل	ل
Mim م	م	م	م
Nun ن	ن	ن	ن
ha ه	ه	ه	ه

Cuarto grupo: ¡Las semiconsonantes o vocales largas!

Letra aislada	Posición inicial	Posición central	Posición final
Waw و	و	و	و
Ya ي	بـ	ـيـ	ي

N.B. El و es la sexta y última letra que no se pega a la izquierda.

2.2. ¿Vocales largas o semiconsonantes? No te preocupes, lo importante es saber pronunciarlos

En realidad, pueden ser ambos y esto depende de una sola variable: si llevan una vocal corta (examinada en el capítulo anterior, por ejemplo la kasra) o no.

Si llevan una vocal corta, son semiconsonantes, si no llevan nada, entonces son vocales largas, y se pronunciarán simplemente alargando el sonido de su respectiva vocal corta.

A continuación se muestran algunos ejemplos. que muestran su valor de semiconsonante: notarás que las letras "llevan" una semivocal.

Letra	Ejemplo semiconso-nante	Trascripción e letra
و	وَرد	(W) ward
ي	يَد	(Y) yad

A continuación se muestran algunos ejemplos que enfocan su valor de vocal larga: notará que las letras no "llevan" una semivocal.

En cambio, son la extensión de la vocal corta que pertenece a la consonante precedente:

la ﻭ tiene el mismo sonido que la vocal corta u pero más larga,

y la ﻱ tiene el mismo sonido que la vocal corta i pero más larga.

Letra	Ejemplo semincon-sonante	Transcripción e letra
ﻭ	نُور	(ū) nūr
ﻱ	جِيل	(ī) Gīl

2.3. Último signo ortográfico: indica el ausencia de los vocales

Se indica con un círculo vacío encima de la consonante.

Signo	Ejemplo	Pronuncia ejemplo
○ ○	بْ	B

¡Nota la diferencia de pronunciación entre las siguientes dos palabras!

Palabra	Ejemplo	Pronuncia y trascripción
Con vocal	وَصَلَ	WaSal
Sin vocal	وصْل	WaSl

N.B. La última consonante de un sustantivo, por otro lado, no está vocalizada por el momento; en el tercer capítulo comprenderá por qué.

2.4. Dos grafías particulares del alif

Antes de concluir la asignatura del alfabeto y leer las letras, me gustaría señalar una última peculiaridad.

Además de la ortografía *del hamza* (que, como se mencionó, no será el tema de este manual), incluso *el alif,* a veces, tiene una ortografía particular.

En posición final se puede escribir como un ya sin los dos puntos característicos del ya. Se pronuncia como el alif pero, como verá más adelante, sigue reglas precisas.

Cuando se escribe de esta manera, se llama **alif maqsura** y se escribe de la siguiente manera: ﺱ

El alif maqsura se asemeja a una serpiente en forma de S

Después de la carta lam el alif está escrito dentro de la letra

lam, es decir: **ﻻ**

2.5. Un poco de ejercicios

EJERCICIO 1

Escribe las siguientes palabras en árabe:

1 famm; 2 ṣad; 3 ams; 4 simulaciones;
5 gamīl; 6 kitāb; 7 bint; 8 walad;

Método:
Famm: la **F** es la primera consonante y por tanto voy a ver cómo se escribe la **F** en la posición inicial; la **A** es una vocal corta y por lo tanto solo pones un guión encima de la **F** y la **M** es la última letra de la palabra y luego iré a ver cómo escribir la **M** en la posición final. Es doble, por lo que colocas la shadda (la doble **w** redondeada) encima.

Solución:  فَمّ

EJERCICIO 2

Escriba las siguientes palabras:

قِصّ	سَهْل	طِير	وَصَل	بَحْر
غَريب	فِلْم	هَلْ	عُطْر	نِيل

Método: بَحْر La palabra consta de 4 letras: 3 consonantes y una vocal corta. Revisa las tablas cuidadosamente e intenta reconocer las letras:

Primera letra: ¿Cuál es la letra que tiene un punto debajo en la posición inicial? El *b*; ¿Qué signo de ortografía tiene arriba? Un guión, luego leerá *ba*.

Segunda letra: ¿Cuál es la letra en la posición media que tiene la forma de una ola y no tiene un punto debajo ni arriba? ¿Qué signo ortográfico tiene H. arriba? Un círculo, que indica silencio, así que lo leeré sin vocal.

Tercera letra: en posición final, ¿qué es esa letra que parece una coma? ¡El *r*!

Solución: **baHr.**

2.6. Llaves

Solución Ej. 1

3 أَمْس	2 صَد	1 فَمّ
6 كِتاب	5 جَميل	4 شَمْس
9 يَسار	8 وَلَد	7 بِنْت

Solución Ej. 2

qiṣṣ	sahl	ṭir	waṣal	baHr
gharīb	film	hal	ʿuṭr	nīl

Los secretos revelados en este capítulo

. Nos encontramos con la última letra que no ata a la izquierda; el و

. También encontramos el último signo de ortografía, que indica la ausencia de una vocal por encima de la consonante. Recuerda que no está transcrito en nuestro alfabeto: ¡es mudo!

. Encontramos muchas letras nuevas, que no están presentes en nuestro alfabeto: ¡practique escribiéndolas a mano y pronunciándolas!

. Hemos analizado la pronunciación doble de vocales largas o semiconsonantes: tranquila, para saber si es una vocal semiconsonante o larga siempre estará el diccionario para ayudarte.

3. LOS ARTÍCULOS (PARTE PRIMERA)

3.1. Te presentamos el artículo definido

Te propongo un acertijo:

¿Qué tienen en común el álgebra, el almanaque y el albaricoque? Pensa en ello por un momento y luego siga leyendo.

Si has pensado en el uso o el significado de estas palabras, te puedo decir que te has descarriado por completo, ya que la respuesta está justo debajo de tus ojos, esa es su **escritura**: todas comienzan con la sílaba **"AL"**.

¡No es casualidad, ya que los tres proceden del árabe y su peculiaridad es que también han conservado el artículo de la palabra, a saber, **"AL"**!
De hecho, no nos conformamos con "copiar" la palabra pero también tomamos el artículo.

El motivo te resultará más claro si sigues leyendo, descubriendo así las particularidades del artículo en árabe.

El artículo en árabe es uno de los temas gramaticales más simples. ya que, a diferencia de muchos idiomas (incluido el nuestro), **ES INVARIABLE**, es decir, **nunca cambia.**

Por tanto, es lo mismo para el masculino, el femenino y el plural.

Sin embargo, hay dos peculiaridades a conocer sobre el artículo definido: la primera es que siempre está vinculado a

42

la palabra que define y la segunda la veremos inmediatamente después de presentar el artículo gráficamente.

El artículo consta de 3 letras: 2 consonantes y 1 vocal corta: la consonante inicial *el hamza*, portadora de la vocal corta "A", y *el lam* (L), segunda y última consonante del artículo.

Cuidado. Sin embargo, recuerde que la hamza inicial siempre está "apoyada" por un **alif** y que el alif es una de las letras que no se pega a la izquierda; luego escribirás el **lam** separado del hamza apoyado por el alif.

Y *el lam,* como separado *del hamza (apoyado por el alif)* debe escribirse en la posición inicial.

Una vez que hayas visto un ejemplo, todo quedará más claro.

Artículo determinado	Pronuncia y transcripción	Ejemplo	Pronuncia y transcripción
أَلْ	AL	أَلْكِتاب	Al-kitāb

3.2. Letras Lunares y Solares y el fenómeno del enlace

Dos regras de pronunciación gravitan alrededor del artículo; la primera impacta con las primeras dos letras del artículo (alif hamza), la segunda con la segunda lam del'artículo, es decir con la tercera letra.

Por lo que concierne el *alif hamza:*
el *alif hamza* en su valor de vogal en fatha/a sólo se pronuncia al encabezamiento de la frase y se la palabra que precede lleva un **sukun** en la última letra, sino que en los demás casos no se pronuncia, formando así un **enlace** entre la última vogal y la *lam* del artículo.

Por lo que concierne el **lam** del artículo, eso queda asimilado a la consonante que sigue al acto de pronunciarse; es decir el *lam* no se pronuncia y en su lugar se redobla la consonante seguente.

Todo eso es un proceso fonético que no concierne la grafía del *lam* que siempre comparece, sino signala la redoblación de la consonante, es decir la pequeña **w** redondeada, arriba la consonante.

En base a la pronunciación o menos del *lam,* las letras del alfabeto se clasifican en **Letras Solares y Letras Lunares.**

Las **Letras Solares** irán a producir una "cáida" de la *lam* durante la pronunciación, a diferencia de las **Lunares.**

Aquí abajo hay en ejemplo de letra lunar en la *kaf,* mientras que en ejemplo de letra solar será descrito succesivamente:

Artículo determinado	Pronuncia	Ejemplo con Letra Solar	Pronuncia y tran- scripción.
اَلْ	AL	اَلشَّمْس	Ash-shams

Como se puede notar, **graficamente la *lam* siempre** está **presente,** sino que **no se pronuncia.**

Notése también que el signo que indica la vocal corta *a* viene colocado incluso sobre la **w** indicando la doblización, presente normalmente en la **shin** de esa palabra.

No te asustes, el encabezaimiento será un poco faticoso, pero lentamente te acostrumbrarás a practicarlo de automático.

En la tabla seguente están representadas **las letras solares y lunares:**

Letras solares	Letras Lunares
ت	ء
ث	ب
د	ج
ذ	ح
ر	خ
ز	ع
س	غ
ش	ف
ص	ق
ض	ك
ط	م
ظ	ه
ل	و
ن	ي

3.3. ¿Qué tienen en común el árabe y el latín?

¡Nada menos que los **casos!** Pero no te asustes, solo hay **3 y solo hay dos variaciones.**
Por tanto, es mucho más fácil. ¡Te acostumbrarás pronto!

Dicho esto, **el caso se expresa, como en latín, <u>cambiando la última consonante o más bien añadiendo una vocal a la última consonante.</u>**

<u>Las mismas vocales cortas que se estudiaron en el primer capítulo.</u>

¿No recuerdas cuáles son? (¡Ve a verlo!).

Por eso la última consonante de un sustantivo nunca se "vocaliza" en un diccionario; su vocal cambia según la función que desempeña la palabra en la oración, por lo tanto, por su caso.

Aquí hay las vocales indicando los casos **nominativo, acusativo, compl. indirecto.**

و ْ	الْكِتَابُ	Al-kitābu
ٌ	الْكِتَابَ	Al-kitāba
ٍ	الْكِتَابِ	Al-kitābi

3.4. ¡A practicar un poco!

EJERCICIO 1

¿Letra lunar o solar?

Escribe cómo se debe pronunciar el sustantivo.

4 العَمَل	3 النُور	2 البِنْت	1 الرَجُل
8 السوق	7 الكَلْب	6 البـاص	5 الدار

Ejemplo:

El ejercicio es bastante simple: consulta la tabla de letras lunares y solares y ve a cuál de las dos categorías pertenece la primera letra de la palabra.

La r es parte de las letras solares, por lo que el sonido será "ar-r" y no "al-r".

EJERCICIO 2

¡Adivina el caso de las siguientes palabras!

3 النَّجْمَ	2 الشَّمْسِ	1 الوَلَدُ
6 الوَرْدَ	5 الكَلْبِ	4 النَّجْمَ

Ejemplo:

Después de identificar las consonantes y vocales cortas que componen la palabra, detente en el último signo ortográfico, que indica el caso:

¿Es un semicírculo?
¿Es un guion arriba o abajo de la consonante?
¿Es un semicírculo que indica el nombre?

3.5. Soluciones

Ejercicio 1

1. solar: ar-ragul;
2. lunar: al-bint;
3. solar an-nūr;
4. lunar: al-'amal;
5. solar: ad-dār;
6. lunar: al-bāṣ;
7. lunar al-kalb;
8. solar: as-sūq

Ejercicio 2

1. Nombre;
2. Compl. Indirecto;
3. Acusativo;
4. Acusativo;
5. Compl. Indirecto;
6. Acusativo.

Los secretos revelados en este capítulo

. El artículo siempre se escribe adjunto a la palabra que define.

. En la pronunciación, **el lam** del artículo puede desaparecer y la consonante puede colocarse después de que se duplique.

. Hay 3 casos en gramática árabe: nominativo, acusativo, caso indirecto.

4. LOS ARTÍCULOS (P. II)

4.1. El artículo indefinido

En el capítulo anterior vimos algunas palabras italianas extraídas del árabe, que también han conservado el artículo, pero no siempre es así.

A continuación, te escribiré solo las palabras más comunes, pero seguramente, al estudiar, te encontrarás con palabras muy similares entre tu dialecto (¡especialmente si eres del sur de Italia!) Y el árabe, ya que muchas palabras han quedado para el más utilizado localmente!

Notarás que la mayoría de las palabras están relacionadas con la comida y el trabajo.

En español	En árabe	Pronuncia
Lemón	لَيْمُون	laimūn
Almacén	مَخْزَن	makhzan

En árabe, **el artículo indefinido** no se expresa antes del sustantivo sino **al final**, a través de la **"segunda declinación"**, de la que hablamos en el capítulo anterior.

La "**segunda declinación**" se obtiene sumando el "**tanwin**" al final de la palabra.

Pero antes todo ¿qué es **tanwin**? ¿Y cómo lo pronuncias?

simbulo		Pronuncia simbulo	ejemplo		Pronuncia ejemplo
ٌ	un	ٌبـ		bun
اً	an	بًا		ban
ٍ	in	بٍ		bin

4.2. Los casos

Les 3 vocales cortas, así como el artículo determinativo, desempeñan la función de nombre al interior de la oración.

Incluso en ese caso, los tres diferentes *tanwin* expresan la función del sustantivo dentro de la oración.

Enseguida, entrontrarás la table del resumen.

Caso	Símbolo del caso	Ejemplo	Pronuncia ejemplo
Nominativo (subjeto)	ٌ	كِتابٌ	kitābun
Acusativo (compl. objeto)	اً	كِتاباً	kitāban
Compl. Indirecto (todos los demás casos)	ٍ	كِتابٍ	kitābin

4.3. Ahora, a practicar un poco!

¡Di la palabra, adivina si está determinada o no y cuál es su caso!

3 عَمَلٌ	2 بِنْتٌ	1 الوَلَدُ
6الكَلْبِ	5النَّجْمَ	4 الشَّمْسِ
X	8 كِتابِ	7 الوَرْدَ

Ejemplo:
Fíjate bien: ¿tienes el artículo? Sí, así está determinado.
¿Cuál es la última semi-vocal? Un semicírculo, por lo que el caso es nominativo. ¿Cómo lees la palabra, excluyendo el artículo? Hay 3 consonantes y cada una tiene una vocal corta. Primera letra, una Waw, que leeré "W" ya que es compatible con una semivocal, la A, por lo tanto: WA.

Segunda letra: es un lam que apoya la vocal corta A por lo tanto: A

Tercera letra: es un dal que apoya la vocal corta U, por lo tanto: DU

Palabra completa: WA-LA-DU

Palabra completa con el artículo: AL-WA-LA-DU

4.4. Solución

2) indefinido: bintun; nominativo
3) indefinido: 'amalina; caso indirecto
4) definido: ash-shamsi; caso indirecto
5) definido: an-nagma: caso acusativo
6) definido: al-kalbi; caso indirecto
7) definido: al-warda; caso indirecto
8) indefinido: kitābin; caso indirecto

Los secretos revelados en ese capítulo

. El artículo indefinido no se pone al empiezo sino al final de palabra.

. En árabe hay 3 casos, también para el artículo indefinido, que están marcados por el *tanwin*, es decir añadiendo el sonido "n" a la vocal indicando el caso: UN; AN; IN.

5. PRONOMBRES PERSONALES Y VERBO SER

5.1. Qué tienen en común el árabe y el griego?

أَنْتُمَا مِن أَلعِرَاق و أَنا مِن لُبْنَان

Antumā min al-ʿiraqi wa anā min Lubnān

"¿Ustedes dos vienen del Iraq y yo del

Libán?."

أَنا؟ لا، هُما مِن أَلعِرَاق أَنا مِن مِصْر!

Ana? Humā min al-ʿiraqi wa anā min Miṣr!

"¿Yo? No, ellos dos vienen del Iraq,

yo soy del Egypto".

قُلْتُ " أَنْتُما" و ما قُلْتُ "أَنْتُم"

Qultu "antumā" wa mā qultu "antum"
"He dicho Ustedes vos, no ellos dos".

تَمام ...

Tamām...
Ok...

Si has llegado al final del diálogo bastante perplejo y con un poco de dolor de cabeza, no te preocupes, ¡es normal!

Se han introducido varios conceptos nuevos, pero lo que destacaremos en este primer párrafo es solo uno: **la presencia del dual en la gramática árabe.**

Si vuelves a leer el diálogo con atención, te darás cuenta, de hecho, de que hay un **"ustedes dos"** y un **"ustedes"** para dos personas o más, y lo mismo ocurre con **"ellos dos"** y **"ellos"**, que indica más de dos personas. .

Quizás lo que se acaba de decir pueda parecer nuevo para muchos, pero quienes hayan estudiado griego antiguo recordarán algo, ya que esta diferenciación está presente tanto en este idioma como en otros.

Ten en cuenta, en el idioma árabe, que el dual se caracteriza por la "ā" final.

"USTEDES VOS" y **"ELLOS DOS"** no son los únicos pronombres personales que tiene el idioma árabe y el italiano no, ya que también están **"TÚ FEMENINA"**, **"USTEDES FEMENINAS"** y **"ELLAS FEMENINAS"**.

A continuación se muestran todos **los pronombres con su transliteración y traducción.**

Pronombre	Trasliteración	Traducción
أَنَا	anā	yo
أَنْتَ	anta	Tú mas.
أَنْتِ	anti	Tú
هُوَ	huwa	Él
هِيَ	hiya	Ella
هُمَا	humā	Ellos dos
نَحْنُ	naḤnu	Nosotros
أَنْتُمْ	antum	Vosotros mas.
أَنْتُنَّ	antunna	Vosotras fem.
أَنْتُمَا	antumā	Vosotras dos
هُمْ	hum	Ellos mas.
هُنَّ	hunna	Ellas fem.

5.2. ¿Existe realmente el verbo ser? La FRASE NOMI-NAL: ¿qué es y cómo se forma?

Ahora, si los pronombres personales te parecieron muchos y estás pensando que nunca podrás acordarlos todos, ¡tengo buenas noticias para tí!

Vuelva a leer el texto, comprobando los pronombres y la traducción relativa de las frases: ¿no falta nada en las frases en árabe que, en cambio, hay en italiano?

Pero sí, ¡es **el VERBO SER**! ¡Aquí están las buenas noticias! En árabe, en las oraciones en las que el verbo ser en italiano está en presente de indicativo, este último no está traducido, ¡no existe!

¡Así que puedes aprender a hacer muchas oraciones sin tener que aprender ninguna conjugación! Este tipo de oración se llama **"FRASE NOMINAL"** por esta misma razón; debido a la ausencia de un verbo.

Se compone de: un sujeto, que puede ser un pronombre personal (como en el ejemplo), un sustantivo específico, un sustantivo propio o un adjetivo demostrativo, y un predicado, que puede ser un adjetivo, sustantivo o formado por una preposición. un complemento indirecto.

Recordemos una vez más que en italiano los dos elementos están separados por el verbo ser, mientras que en árabe se yuxtaponen.

En cuanto a los casos de los elementos que componen la oración nominal, el sujeto, si está representado por un sustantivo dado, debe colocarse en nominativo definido

Cuando el subjeto es un nombre proprio, y el predicado es representado por un sustantivo:
Mario es un estudiante.

Sustantivo	Nombre propio
ESTUDIANTE	MARIO
PREDICADO	SUBJETO

5.3. Un poco de Preposiciones Útiles

Pare quedarte en el tema, creo que te risultarás útil conocer un poco de preposiciones para **enrequicer tu léxico y formar frases conceretas,** con el mínimo esfuerzo.

A continuación te voy a indicar las **PREPOSICIONES más comunes.**

Prep.	Traslit.
لِ	li
بِ	bi
مَعَ	ma'a
في	fī
تَحْتَ	taḤta
أَمامَ	amāma
بَعْدَ	ba'da
قَبْلَ	qabla

Traducción
A, para, por
Con (con los objetos)
Con (con las personas)
Dentro, en
Abajo
Delante
Después
Antes

Antes de pasar a los ejercicios me gustaría señalar algunas **particularidades de las PREPOSICIONES:**

1.   Todas las preposiciones (y otras palabras que constan de una sola letra) deben escribirse adjuntas al siguiente sustantivo.

2.   La preposición que traduce compl. del término (ل) crea un cambio importante en el sustantivo que sigue si se determina, ya que el alif hamza del artículo se cae. Entonces hay dos lamas adjuntos; el primero vocalizado en kasra / i, el segundo con un sukun.

Ej: *El libro es para el profesor.*

El libro es para el profesor.

الكِتابُ لِلْمُعَلِّمِ

Al-kitābu lil mu'allimi

3.   Casi todas la prepociciones tienen como última VOCAL una **faitha/a** como el complemento objeto. NUNCA cambia, a menos que sean seguidas por la posesión "ϊ".

5.4. ¡Ahora puedes construir tus primeras frases!

Ahora que ya sabes en qué consiste la oración nominal, te sugiero que practiques un poco con la traducción de estas simples oraciones, gracias a las cuales, sabrás aplicar esta nueva regla y podrás conocer nuevas palabras, de las cuales encontrarás la traducción entre paréntesis y la transliteración. en el párrafo de soluciones.

Al final del quinto día podrás presentarte y hablar un poco sobre ti. ¡Yo diría que no es barato!

1)   Soy un estudiante.

2)   La chica está con una amiga.

Chica: بِنْت

Amiga: صَدِيق

3)   El es italiano.

Italia: إيطاليا

4)   Estamos en una oficina.

Oficina: مَكْتَب

5)   Tú (eres) egypcia.

أَنْتِ مِن مِصْر

5.5. Soluciones

1   أنا طالِبٌ

Anā ṭālibun

2   أَلْبِنْتُ مَعَ صَدِيقٍ

Al-bintu ma'a ṣadīqin

3   هُوَ مِن إيطاليا

Huwa min Iṭālīā

4   نَحْنُ في مَكْتَبٍ

NaḤnu fī maktabin

5   أَنْتِ مِن مِصْر

Anti min miṣr

Los secretos revelados en este capítulo

. En árabe existe el dual y su signo distintivo es la "ā", que se suma a su contraparte singular.

. Existe un pronombre personal femenino para todas las personas: tu fem., Ustedes fem., Ellas fem.

. El verbo estar presente y en modo indicativo en árabe no se hace explícito, es decir, no se traduce: se pueden componer oraciones sin verbo, y este tipo de oraciones se denominan oraciones nominales.

. Elementos esenciales de la oración nominal: sujeto (pronombre, sustantivo definido por artículo, nombre propio, pronombre demostrativo) y predicado (adjetivo, sustantivo, preposición más indirecto completo).

. Casos de la oración nominal: nominativo determinado respecto al sujeto, indeterminado respecto al predicado.

6. EL FEMININO SINGULAR Y PLURAL

6.1. Los pilares del Islam

Si el cuinto día te ha asustado un poco, te aconsejo de "desenchufar", leyendo este párrafo, que te hará conocer otro aspecto del mundo árabe, es decir el islam.

¡Pero no te confundas! En el mundo árabe existen otras religiones además del Islam, que, si bien es la de mayor número de fieles, es solo una de las religiones presentes.

Aquí hablaremos brevemente de los pilares (**arkān**) del Islam, es decir, aquellas acciones que los fieles deben realizar, diaria o anualmente según la acción, para ser llamados musulmanes.

Hay cinco pilares y seguramente conocerás el cuarto, que es el ayuno que se hace durante el mes de Ramaḍān.

Los demás, en orden, son:

1. La profesión de fe (شَهَادَة), que consta de dos **"testimonios"**: *"Testifico que no hay Dios fuera de Dios"* y *"Testifico que Mahoma es el profeta de Dios"*. También deben ser profesadas por cualquier persona que decida convertirse al Islam.

2. Oración (صَلاة), que debe realizarse **5 veces** al día: amanecer, mediodía, tarde, atardecer y durante la noche. Siempre es anunciado por los minaretes de las mezquitas alrededor de la ciudad y debe hacerse una vez realizadas las abluciones (lavado de cara, brazos y pies).

3. Limosna (زَكاة), eso es lo que se debe verter, en obligatorio, una vez al año.

4. El ayuno (صَوم) durante el noveno mes del año lunar, eso es **Ramaḍān**. Varía de un año a otro y durante este mes el creyente no puede comer, beber, fumar ni tener relaciones sexuales desde el amanecer hasta el atardecer.

5. La peregrinación (حَجّ) en Medina, Arabia Saudita. Esto, a diferencia de los demás, debe hacerse al menos una vez en la vida.

6.2. El feminino: ¿es realmente así de simple?

Ahora que has descansado un rato, ¡volvamos al idioma! En este párrafo y en lo que sigue, aprenderemos a reconocer cuándo un sustantivo es femenino y la formación del femenino.

Primero que nada, es importante saber que **en árabe un sustantivo es masculino o femenino; no hay género neutral y la marca de lo femenino es la** *"ta marbuta"*.

Si no encuentra este signo, que ahora se describirá, significa que el sustantivo mencionado anteriormente es masculino.
Sin embargo, hay algunos (pocos) sustantivos que son femeninos "por naturaleza" y para ellos tendrás que consultar el diccionario.

La regla para formar un sustantivo o adjetivo femenino es muy simple: agregue un "ta marbuta "en singular masculino.

Pero detengámonos un momento: ¿qué es *"ta marbuta"?*

Su traducción significa **"ta atada"** y, de hecho, se pronuncia como la **"t"** y desde el punto de vista gráfico, en su posición final aislada, en realidad parece una "ta atada", con los dos puntos típicos de la "ta" arriba .

Una vez que lo veas, estarás de acuerdo conmigo.

Aquí está: **ة**
El "**ta marbuta**" tiene una sola posición: la final.

Es solo una marca que se agrega al final del sustantivo y nunca la encontrará al principio o en el medio del sustantivo.

Sin embargo, dependiendo de si la letra anterior es una letra que permite la unión o no, la "ta marbuta" final toma dos formas:

Cuando la letra precedente consente el unión con la siguiente:

Quando la letra precedente no consente el unión con la siguiente:

ة

Ya has visto un ejemplo de su escritura aislada en la palabra **shahāda** (testimonio).

Ahora, en cambio, veremos un ejemplo de "ta marbuta" vinculado a la letra anterior y al mismo tiempo daremos un ejemplo de **"feminización"**: tomaremos un sustantivo masculino y lo haremos femenino solo agregando la **"ta marbuta"**.

Fácil, ¿verdad? Pensa en un extranjero que tiene que aprender todos nuestros sufijos para sustantivos femeninos...

Sustantivo	Traducción	Translitteración
طَبِيبٌ (m)	doctor	tabibun
طَبِيبَةٌ (f)	doctora	tabibatun

Una última regla importante sobre el singular femenino antes de pasar al plural:

La letra que precede a la "ta marbuta" debe estar siempre vocalizada con una "a".

6.3. El plural feminino

Así como la formación del femenino es muy regular, la formación del plural femenino también es muy regular y consta de 2 pasos:

1)   Se parte del singular femenino y elimina el "ta marbuta";

2)   Agregue ات (āt) a cualquier sustantivo o adjetivo.

Te parecerá muy parecido al singular pero la diferencia está en la "ā". Solo dilo estirado y listo.

6.4. ¿Estás seguro de que lo entiendes todo? ¡Retarte a ti mismo!

Con este ejercicio me gustaría hacerte comprender mejor la utilidad y facilidad del femenino: tendrás que traducir la pequeña oración que encontrarás en el femenino, cuidando de transformar cada sustantivo y adjetivo.

1)   El padre está con un médico.

Padre: وَالِد (wālid)

2)   *Eres un empleado.*

Empleado: مُوَظَّف (muwaẓẓaf)

3)   *Es amable.*
4)   *La vecina es una estudiante.*
5)   *El niño es libanés.*

Libanés: لُبْنانِيّ (lubnaniyy)

6.5. Llaves

1 الوَالِدةُ مَعَ طبيبةٍ

Al-wālidatu ma'a ṭabībatin

2 أَنْتِ مُوظَّفَةٌ

Anti muwaẓẓafatun

3 هِيَ لطيفةٌ

Hiya latīfatun

4 الْجَارةُ طَالِبةٌ

Al-gāratu ṭalibatun

5 البِنْتُ لُبْنانِيَّةٌ

Al-bintu lubnaniyyatun

Los secretos revelados en este capítulo

. El femenino se caracteriza por el **"ta marbuta"**

. La **"ta marbuta"** se puede escribir de dos formas y la letra anterior debe estar siempre vocalizada con una "a"

. Para formar el femenino, simplemente agregue un "ta marbuta" al singular masculino. Esta regla se aplica tanto a los sustantivos como a los adjetivos.

. El plural femenino se caracteriza por "āt" al final del sustantivo.

7. TODO EMPIEZA CON TRES RAÍCES

7.1. Alguna información sobre el verbo TRILITTERO y la FRASE VERBAL

Te aconsejo que prestes especial atención a este capítulo, ya que, después de leerlo, finalmente podrás construir una oración usando un verbo.

Por supuesto, la oración estará exclusivamente en tiempo pasado, ¡pero sigue siendo un gran paso adelante!

Tengo tres noticias para ti antes de comenzar: dos buenas y una mala.

El primer bien es que en árabe no existe el concepto de "auxiliar" para la composición del verbo en tiempo pasado. El tiempo pasado se forma simplemente con terminaciones..

La segunda buena noticia es que **las terminaciones de los verbos** en pasado siempre **son regulares.**

La mala, sin embargo, es que **cada persona** (¿recuerdas cuáles son?) **tiene su propio final,** por lo que son bastante numerosas y al final del capítulo seguro que las confundirás un poco. Sin embargo, no te preocupes, con la aplicación necesaria, en unos días podrás memorizarlos.

Además, antes de continuar, es importante que sepas que en la oración verbal **el verbo debe colocarse siempre al principio de la oración,** seguido del sujeto (si es explícito).

El verbo, cuando anticipa al sujeto, **debe estar siempre en singular**, incluso si el siguiente sujeto es plural.

Así que no dirás: *"Marco fue al mercado"* sino *"Marco fue al mercado"*.

Y no dirás *"los chicos se fueron al mar"* sino *"se fueronlos chicos al mar"*.

7.2. Formación

Como se anticipó, **el tiempo pasado se forma simplemente con terminaciones.**

Si se pregunta dónde necesita adjuntar estos finales, se está haciendo la pregunta correcta.

Siempre es parte del verbo conjugado a tercera persona.singular masculino; es equivalente a nuestro infinitivo y es lo que, de hecho, encontrarás en el diccionario cuando busques un verbo en árabe.

Hoy estudiaremos exclusivamente el verbo formado por tres raíces, es decir, tres letras. Se encuentra entre las más comunes y extendidas y, como verás a lo largo de los días, fuente de muchas palabras.

Por el momento, hagamos una pausa para examinar un ejemplo:

Ej: دَرَسَ (**darasa**) significa "(él) ha estudiado".

A partir de este formulario, debemos agregar las terminaciones que ahora leerás, prestando atención a algunos detalles:

1)   Si la primera letra de la terminación contiene una vocal, la última raíz del verbo (en este caso el pecado) perderá su vocal corta (y habrá un **sukun**).

Este es el caso de: todos los pronombres singulares excepto: lo, nosotros, vosotros y ellas.

83

2)   Si la primera letra de la terminación tiene un sukun, entonces la vocal corta no se cae.

Este caso es válido solo para la tercera persona del singular femenino.

3)   Si la terminación es una vocal larga, prevalecerá la vocal larga y la última raíz del verbo tendrá la misma vocal corta que la terminación.

Este es el caso de: ellos dos y su masculino.

7.3. Desinencias y ejemplos

Pronombre		desinencia	Traslitteración
	أَنَا	تُ	Tu
	أَنْتَ	تَ	Ta
	أَنْتِ	تِ	Ti
	هُوَ		
	هِيَ	تْ	T
m.	هُمَا	ا	Ā
f.	هُمَا	تَا	Tā
	نَحْنُ	نَا	Nā
	أَنْتُمْ	تُمْ	Tum
	أَنْتُنَّ	تُنَّ	Tunna
	أَنْتُمَا	تُمَا	Tumā
	هُمْ	وا *	Ū
	هُنَّ	نَ	Na

*La ā se escribe, no se pronincia!

A continuación tendrá el ejemplo del verbo دَرَسَ conjugado en todas las personas.

verbo
دَرَسْتُ
دَرَسْتَ
دَرَسْتِ
دَرَسَ
دَرَسَتْ
دَرَسَا
دَرَسَتَا
دَرَسْنَا
دَرَسْتُم
دَرَسْتُنَّ
دَرَسْتُمَا
دَرَسُوا
دَرَسْنَ

traslitteración	Traducción
darastu	He estudiado
darasta	Has estudiado (m.)
darasti	Has estudiado (f.)
darasa	Ha estudiado (m.)
darasat	Ha estudiado (f.)
darasā	Haben estudiado (dual m.)
darasatā	Haben estudiado (duale f.)
darasnā	Hemos estudiado
darastum	Habéis estudiado (m.)
darastunna	Habéis estudiado (f.)
darastumā	Habéis estudiado(dual)
darasū	Han estudiado (m.)
darasna	Han estudiado (f.)

87

7.4. ¡Ahora practica!

Gracias a estos ejercicios, descubrirás algunos **verbos trilípticos regulares**, que son muy comunes, y podrás memorizar mejor las numerosas terminaciones.

Tu tarea será hacer coincidir el verbo conjugado con su pronombre.

Encontrará el significado del nuevo verbo entre paréntesis debajo de la tabla, mientras que su transcripción y soluciones se encontrarán en el siguiente párrafo.

A	أَنْتِ	خَرَجْتُ	1
B	أَنْتَ	ذَهَبْنا	2
C	هِيَ	دَرَسْتَ	3
D	نَحْنُ	فَهِمْتُمْ	4
E	أَنْتُمْ	شَرِبْتِ	5

خَرَجَ: salir

ذَهَبَ : ir

فَهِمَ   : entender

شَرِبَ : beber

7.5. Soluciones

SOLUCIÓN	TRASLIT.	TRADUCCIÓN
A-5	Sharabti	Has bebido (f.)
B-3	Darasta	Has estudiado (m.)
C-1	Kharagt	Ha salido
D-2	dhahabnā	Hemos ido
E-4	fhahimtum	Habéis com-prendido (m.)

Los secretos revelados en este capítulo

. El femenino se caracteriza por el **"ta marbuta"**

. La "ta marbuta" se puede escribir de dos formas y la letra anterior debe estar siempre vocalizada con una *"a"*.

. Para formar el femenino, simplemente agregue un **"ta marbuta"** al singular masculino. Esta regla se aplica tanto a los sustantivos como a los adjetivos.

. El plural femenino se caracteriza por **"āt"** al final del sustantivo.

8. EL PLURAL MASCULINO Y EL DUAL DE LOS NOMBRES

8.1. Algunas curiosidades sobre el Ramadán

Hoy comenzaremos con algunas curiosidades no relacionadas con el idioma, para que además del idioma también sepas algo sobre cultura.

¡He seleccionado para ti información sobre el Ramadán, ya que es un pilar muy especial e interesante del Islam!

¿Sabías, por ejemplo, que no es exactamente lo mismo en todo el mundo árabe? Pero no te sorprendas: recuerda que el Islam, además de ser la religión más extendida en los 21 países de habla árabe, es también el credo con mayor número de seguidores en muchos otros países, como Turquía, Irán e Indonesia. . Por tanto, es normal que se hayan desarrollado más costumbres locales a lo largo de los siglos.

Por ejemplo, en Irak, los vecinos a menudo intercambian comida preparada durante el día tanto que en el momento del Ifṭār (comida que se puede comer después del atardecer), ¡a menudo solo comen los platos de los vecinos!

En Kuwait, en cambio, quien despierta a los creyentes antes del amanecer (para comer y beber algo antes de que empiece el día) ocupa un lugar tan importante en la sociedad que recibe un obsequio al final del Ramadán.

En Argelia, por otro lado, el Ifṭār siempre comienza con dátiles y leche, a veces mezclados, y luego pasa a la "cena" más sustancial.

Con algunas familias en Arabia Saudita, sin embargo, es costumbre gastar el If trascorrerear con algún familiar.
Estas son solo algunas de las tradiciones más extendidas.

Un retrato de Ifṭār en Dehli

Nota: la palabra **Iftar**

está escrita en árabe إفطار

Si tienes curiosidad por saber más, ¡corre a conocer las costumbres del país que más te fascina!

8.2. Para el plural masculino... ¡solo dos casos!

Después de que te hayas distraído un poco, te sugiero que vuelvas a la gramática. Pero hoy, incluso con la gramática, no tendrás que esforzarte mucho, te lo prometo.

Seguimos ampliando el léxico, aprendiendo a formar el **PLURAL MASCULINO**. Y será realmente sencillo, ya que **casi siempre es regular** y, por tanto, el esfuerzo será mínimo. Sin embargo, hay plurales que no siguen la regla y, por tanto, tendrás que consultar el diccionario.

El único esfuerzo que tienes que hacer es recordar que para el plural masculino solo hay dos casos y no tres, ya que el acusativo y el oblicuo siguen el mismo "declinación".

Sin embargo, para formar el plural masculino, partimos del singular y adjuntamos las siguientes terminaciones.

Nominativo	Acusativo y caso oblicuo
وﻥَ	ﻳﻦَ

Pongamos un ejemplo. Tomemos una palabra que ya conoce: "empleado". Aprendiste de memoria como dicen, espero.

Para decir **"empleados"** diremos por tanto:

(Muwaẓẓafuna)

(muwaẓẓafuna)

8.3. EL DUAL: ¡solo un poco de concentración y la regla a bajar!

Como habrás adivinado por el título del párrafo, te confirmo que, sí, **en árabe hay un dual no solo para los pronombres sino también para los sustantivos y los verbos**, como habrás podido notar al leer el capítulo anterior.

Cómo se forma y cómo se declina, es lo que se tratará a continuación.

Al igual que el plural masculino, **el dual** también sigue **sólo dos declinaciones,** ya que el acusativo y el oblicuo se declinan de la misma manera.

¿Cúales son estas variaciones?

Nominativo	Acusativo y caso oblicuo
ان	ين

Como habrás notado, la terminación de los casos acusativo y oblicuo es muy similar a la del plural masculino.

La única diferencia radica en el tipo de vocal corta que se pone en la consonante que precede a la terminación: en el plural masculino es una "i", en el dual es una "a".

Para decir **"dos empleados"**, por tanto, diremos:

مُوَظَّفَانِ

(muwaẓẓafani)

مُوَظَّفَينِ

(muwaẓẓafayni)

8.4. ¿Qué tienen en común el masculino plural y el dual?

Antes de empezar con practicar esos nuevos conceptos, te sugeriría de reflexionar y de cuidarte con esos tipos de sustantivos, el plural masculino y el dual.

La **determinación (si hay o menos el artículo)**, está expresada por el artículo exclusivamente y no por el **tanwin** como acae por otros sustantivos.

En presencia del artículo, el sustantivo es defindo, sino no. Acuérdate y eso es importante que *el sustantivo no patece más cambios en la última radical.*
Hacemos dos ejemplos para definir mejor lo que entiendo decir.

Con un sustantivo determinado:

	Ejemplo Sustantivo determinado	Traslit	Traducción
Non dual	دَرَسْتُ أَلْكِتَاب	Darastu al-kitāba	He estudiado el libro
dual	دَرَسْتُ أَلْكِتَاب يَنْ	Darastu al-kitābayni	He estudiado los dos libros

	Ejemplo ssustantivo de-terminado	Traslit.	Traducción
No dual	درَسْتُ كِتابا	Darastu kitāban	He estudiado un libro
dual	درَسْتُ كِتاب يَيْنِ	Darastu kitābayni	He estudiado dos libros

8.5. Dos formas particulares de DUAL: PLURALES FRACCIONADOS O DIPTOTES

Antes de concluir el capítulo sobre los plurales, nos hace falta presentar dos formas particulares de plural: **los plurales fraccionados y diptotos.**

PLURALES FRACCIONADOS

Hasta ahora nos enteremos del **plural sano,** es decir el plural que se forma añadiendo una o más desinencias al final del sustantivo singular.

Sin embargo, para formar el plural de muchos sustantivos, en árabe, hay que añadirse una o más letras *dentro* de la palabra al singular; o sólo cambia la vocalización interna sin necesidad de añadir letras.

Hay varios esquemas de plurales e hoy vamos a ver dos de los esquemas más difundidos; durante esos meses irás a encontrar más; hazte una pequeña lista.

1er ESQUEMA: Alif hamza antes de la primera radical, **Sukun** en la primera radical, **Alif** entre la segunda y la tercera radical .

Plural	Singular
أُوْلاد	وَلَد

2ndo ESQUEMA: Ninguna vocal larga y una **danna/u** en la primera y segunda radical.

Plural	Singular
كُتُب	كِتاب

DIPTOTOS PLURALES

Son sustantivos un poco particulares, ya que tienen reglas especiales solo para su plural.

El plural de estos sustantivos, de hecho, cuando es indeterminado, sigue reglas muy alejadas de las normales:

. *Tiene solo dos casos, nominativo y acusativo;*
. *Pierde el tanwin, es decir, su caso es igual a un sustantivo dado, pero sin artículo.*

Esta característica no afecta al resto de la oración ya que, por ejemplo, su adjetivo tiene el tanwin y no el artículo. En el caso de que se determine el plural de estos sustantivos, vuelven a seguir las reglas habituales.

Finalmente, hay que decir que este plural es propio de topónimos y se indica en el diccionario con la presencia de una simple damma / u en la letra final sin tanwin, como suele ocurrir.

8.6. ¿Estás seguro de que todo está claro?

En este ejercicio te pediré que vuelvas a traducir un poco. Sé que es difícil pero muy útil para memorizar reglas y vocabulario.

Cuidado, para traducir estas oraciones, ¡no solo mire las nuevas reglas de este capítulo!

1.   *Las dos chicas salieron.*

2.   *Los empleados fueron a la oficina.*

3.   *Lit. Fueron a la oficina → **Verso:** إلى*

4.   *El niño entendió la lección.*

5.   *Él es amable.*

8.7. Llaves

1 خَرَجَتْ أَلْبِنْتانِ

Kharagat al-bintani

2 ذَهَبَ أَلْمُوَظَّفُونَ إلى أَلْمَكْتَبِ

Dhahaba al muwaẓẓafūna ila al maktabi

3 فَهِمَ أَلِشَّابُّ أَلدَّرْسَ

Fahima ash-shabbu ad-darsa

4 هُوَ لطيفٌ

Huwa laṭifun

Los secretos revelados en este capítulo

. El dual y el masculino plural se expresan mediante declinaciones que se añaden al final del sustantivo en singular. Estos dos plurales tienen solo dos terminaciones: una para el nominativo y otra para el acusativo y el caso oblicuo.

. Ambos sustantivos no necesitan tanwin cuando son indeterminados; la ausencia del artículo es suficiente para dejar claro que el sustantivo es indeterminado.

. El plural fraccionario consiste en agregar vocales cortas o largas dentro del sustantivo singular; por tanto, el plural no se expresa al final del sustantivo.

. Hay sustantivos llamados diptotes: el plural indeterminado de estos nombres no tiene tanwin y solo tiene dos casos: nominativo y acusativo.

9. EL ADJETIVO

Después de leer el texto muy breve que sigue y la traducción de las nuevas palabras que encontrarás en la página siguiente, le sugiero que subraye los adjetivos. ¿Notas algo extraño?

Un niño se acaba de mudar a un país árabe y se presenta a su nueva clase.

مَرْحَباً. اِسْمي كُلاوديو وَ أَنا مِن إيطاليا.

Hola. Mi nombre es (literalmente: mi nombre es) Claudio y soy italiano.

عَمَلَ وَالِدي في السَّفَرَةِ الإيطاليَّةِ في تونيس وَ دَرَسْتُ اللُّغَةَ العَرَبيَّةَ في الجَامِعَةِ

Mi padre trabajaba en (lit: en) la embajada italiana en (lit: en) Túnez, así que en la universidad (lit: en) estudié árabe (lit: el idioma el árabe).

ذَهَبْتُ إلى مِصْر و عُمان أيضاً. رَجَعْتُ إلى تُونيس بَعْدَ غِيابةٍ طَويلةٍ

También fui a Egipto y a Omán. Regresé a (literalmente: hacia, a) Túnez después de una larga ausencia.

Transliteración y palabras nuevas:

MarHban. Ismī Claudio wa anā min Iṭālīā.

'amala wālidī fī s-safarati al-iṭaliyyati fī Tunis wa darastu l-lughata l-arabiyyata fi l gāmi'ati.

Dhahabtu ilā Miṣr wa Umān aīḌan wa raja'tu ilā Tunis ba'da ghyābatin ṭawīlatin.

مَرْحَباً	Hola	لُغَة	Lengua
اسْْمـي	Mi nombre es	عَرَبيّ	Árabe

عَمَلَ	Trabajar		جامِعة	Universidad
وَالِدي	Mi padre		غِيَابَة	Ausencia
سَفرَ٥ة	Embajada		طَويل	Largo

9.1. ¡Lo importante es prestar atención al género femenino!

Hoy aprenderás otro componente de la oración, verbal o nominal, que no puedes dejar de conocer para poder expresarte en otro idioma, el **ADJETIVO**.

Como estas de acuerdo ¿Qué lugar ocupa en la oración?
Siéntate cómodamente, pon tu teléfono en modalidad avión y comencemos.

En cuanto a su posición en la oración, el adjetivo siempre sigue al sustantivo al que se refiere: nunca se puede poner, como en italiano, antes del sustantivo.

En cuanto a su concordancia, en cambio, el adjetivo sigue reglas bastante lejanas a las de las lenguas europeas: de hecho, sigue dos reglas distintas en función de si el sustantivo es "humano" o no.

1.   El adjetivo concuerda en número, caso, género y **determinación (tenga el artículo o no)** con el sustantivo que describe, **si el sustantivo mencionado es humano.**

Entonces, si el sustantivo es masculino, singular, determinado y en el caso acusativo, el adjetivo será masculino, singular, determinado en el caso acusativo.

Por ejemplo, el adjetivo de "estudiantes" es "bueno".

2.   El adjetivo concuerda solo *en caso y determinación* con el sustantivo que describe si **el sustantivo mencionado anteriormente no es humano.** De hecho, si el sustantivo no animado, por ejemplo, es plural y masculino, el adjetivo

será femenino y singular, ya que el adjetivo de un sustantivo plural no animado **siempre es singular femenino**.
3.
Por ejemplo, el adjetivo de "cuadernos" es "buenos".

4.   **Para el dual** en cambio, independientemente de si el sustantivo está animado o no, **el adjetivo tendrá las mismas terminaciones** que se usaron para el sustantivo.

9.2. El adjetivo NISBA es un molde para formar adjetivos

En esta sección, aprenderá algunas formas rápidas y fáciles de formar adjetivos.

1. **LA NISBA:** literalmente significa "conexión, atribución" y esta forma de adjetivo, de hecho, se obtiene simplemente agregando un doble **ya** a un sustantivo.

Se usa mucho, por ejemplo, para describir la nacionalidad de una persona y tuviste un ejemplo en el capítulo 5 con el adjetivo "libanés":

لُبْنَانِيّ

a la palabra Líbano  fue suficiente, de hecho, agregar un doble ya para formar su adjetivo. Sencillo, ¿no?

2. **LOS MOLDES:** Ahora les diré lo que se explicará mejor en otro capítulo, aparte.

¿Recuerdas los tres radicales que se usan para formar el verbo en tiempo pasado? Aquí, a partir de ellos, se pueden formar muchos tipos de palabras, incluidos adjetivos y verbos, pero siempre siguiendo reglas y formas precisas.

Estas reglas funcionan como un molde: una vez insertados los tres radicales en un determinado molde, lo que salga siempre tendrá la misma función dentro de la oración. Es decir: si los tres radicales se insertan en un determinado molde serán un adjetivo; si se insertan en otro será un verbo, etc.

Muy a menudo, el molde se usa para formar adjetivos.

es decir, entre el segundo radical y el tercero ponemos una ī.

A continuación encontrarás una serie de ejemplos para comprender mejor:

radicales	Qué expresan los radicales	Al haber insertado los radicales en el molde del adjetivo	Significado adjetivo
كَرُمَ	Ser generoso	كَرِيم	generoso
كَبُرَ	Ser grande	كَبِير	grande
قَصُرَ	Ser corto, breve	قَصِير	corto

Por supuesto, *al principio te recomiendo que memorices los adjetivos* a medida que los encuentres, pero es bueno que comiences a familiarizarte con el concepto de radicales y moldes.

9.3. ¡Práctica!

¡En este ejercicio, deberás hacer coincidir el adjetivo con el sustantivo!

A	أَللَّطِيفة	أَلدَّرْس	1
B	لُبْنانيّونَ	أَلبِنْت	2
C	أَلصَّعْب	مَكتَب	3
D	قَصيرانِ	مُوَظَّقون	4
E	كَبير	كِتابانِ	5

Nuevas palabras:

صَعْب = "difficile"

113

9.4. Solución

SOLUCIÓN	TRASLIT	TRADUCCIÓN
1-C	Ad-dars As-sa'b	La clase (la) es difícil
2-A	Al-bint allatifa	La chica (la) es géntil
3-E	Maktab kabīr	Oficina larga
4-B	Muwazzafuna libnaniyyuna	Empleados libaneses
5-D	Kitāban qasīrani	Dos libros cortos

Los secretos revelados en este capítulo

. La concordancia de los adjetivos con el sustantivo al que se refieren depende de la "humanidad" (o no) del sustantivo; excepto cuando el sustantivo es dual.

. **Si el sustantivo es humano**: el adjetivo concuerda en todos los aspectos con el sustantivo al que se refiere: género, número, caso y sobre todo definición, es decir, un adjetivo tendrá el artículo si su sustantivo lo tiene.

. **Si el sustantivo NO es humano**: el adjetivo concuerda solo en la **definición y el caso** del sustantivo al que se refiere: un plural, aunque sea masculino, siempre debe asignarse al femenino.

10. UNA CONSTRUCCIÓN ÚNICA

10.1. ¡Una de las más grandes feministas del mundo árabe

Ciertamente, la combinación mundo árabe-feminismo no se encuentra entre las más comunes, pero hoy me gustaría presentarles a la pionera del feminismo en el mundo árabe.

Tuviste una lección difícil ayer y hoy será igual, así que algunas buenas noticias te levantarán y te harán apreciar más el mundo árabe (y sus mujeres valientes).

Huda Sha'arawi fue una activista y feminista egipcia, mejor recordada por quitarse el velo en 1923. Pero esta joven egipcia también fue la promotora de otras iniciativas importantes, destinadas a cambiar el destino de las mujeres.

Un joven Huda Sha'arawi

116

En 1919 organizó la mayor manifestación femenina contra el entonces poder que ocupaba Egipto, Gran Bretaña, demostrando el activismo y la conciencia política de las mujeres.

Una de las primeras manifestaciones feministas en el mundo árabe

En los años 1923-24 fundó la **Unión Feminista egipcio** y la primera escuela secundaria solo para niñas. Hasta ntonces, de hecho, las niñas solo podían ir a la escuela hasta la escuela primaria.

También fue el impulsor de otras iniciativas menos exitosas, como la demanda de prohibir la poligamia y la lucha contra la división de Palestina.

Huda Shaarawi es el ejemplo de una mujer valiente y ciertamente ha conmovido la conciencia de muchas mujeres en Egipto (y más allá), que la siguieron en sus numerosas iniciativas.

Se dice, por ejemplo, que en el espacio de unos diez años desde que se quitó el velo (1923), pocas eran las mujeres que todavía caminaban con velo.

10.2. ¿Qué es el "ESTADO CONSTRUCTO"

En este párrafo, conocerás una de las construcciones más particulares y singulares de la lengua árabe: el "Estado Constructo".

El "estado constructo" corresponde a nuestro complemento de especificación y por tanto responde a la pregunta: ¿de quién, de qué?

Cuando la preposición "de" en italiano expresa posesión y pertenencia en árabe encontraremos esta construcción. Pero ten cuidado, la preposición italiana no se traducirá con una preposición árabe.

Los gramáticos árabes han ideado otro procedimiento: los dos términos del estado de construcción, a saber, "lo que se posee" y "el propietario", se escriben siempre uno tras otro y el primero, es decir, "lo que se posee". ", pierde el artículo.

Finalmente, en lo que respecta a los casos, el segundo término, es decir, "el propietario", se encontrará siempre en el caso indirecto.

El caso del primer término, en cambio, dependerá de su función normal en la oración y por tanto puede ser nominativo, acusativo y oblicuo.

Intentemos, por ejemplo, traducir la oración:
"El libro del empleado".

119

Estos son términos que ya debería conocer para que pueda concentrarse en la construcción. Solo hay que recordar que el primer término pierde el artículo y ya está.

Cuando crea que comprende cómo se traduce la oración, pase la página y compruebe la solución.

Secundo término	Primer término
ٱلْمُوَظَّف	كِتَابُ
al-muwazzafi	kitābu

Entonces, la traducción correcta de la oración es:

kitābu al-muwazzafi.

10.3. Algunas reglas: NOMBRES PROPIOS Y ADJETIVOS

Antes de que empezas con\ divertirte formando oraciones, me gustaría señalar algunas reglas que debes respetar para formar oraciones de forma correcta y comprensible.

1.   Si el propietario, es decir, el segundo término del estado de construcción, es un nombre propio (nombre personal, país), el segundo término tampoco tendrá el artículo.

De hecho, el nombre ya está definido por sí mismo; no necesita el artículo. Si lo piensas bien, en italiano ocurre lo mismo: cuando dices "Oficina de Claudia", el nombre no tiene el artículo.

2.   El **estado constructo** no puede, por ningún motivo, separarse, ni siquiera por un adjetivo.

Entonces, si te refieres a *"la gran oficina de Claudia"*, el adjetivo "grande" irá después de los dos términos y tendrá el artículo.

De hecho, el primer término lo define el segundo y se considera definido, aunque no tenga el artículo.

Si recuerdas las reglas del adjetivo, sabrás que el adjetivo concuerda con el sustantivo al que hace referencia en todo: número, caso, género y definición.

A continuación, tendrá ejemplos de las dos oraciones mencionadas anteriormente. Entonces te dejo unos ejercicios.

Primera oracion: *La oficina de Claudia.*

Segundo término	Primer término
كلاوديا	مَكتَبُ
Claudia	maktabu

Segunda oración: *La gran oficina de Claudia.*

Adjetivo	Segundo término	Primer término
ألكَبِيرُ	كلاوديا	مَكتَبُ
al-kabīru	Claudia	maktabu

10.4. ¡Ponte a la prueba!

Para cambiar un poco la forma de los ejercicios, ahora propongo traducir del árabe al italiano.

١ ذَهَبَتْ بِنْتُ ٱلجارِ إلى ٱلمَكْتَبِ

٢ مَكْتَبُ ٱلمُعَلِّمِ كبيرٌ

مُعَلِّم (insegnante)

٣ ذَهَبوا إلى سُوقِ ٱلمَدينةِ

سُوقِ (mercato) مَدِينةٍ (città)

٤ دَرَسْنا دَرْسَ ٱلمُعَلِّمِ

123

10.5. Llaves

1. La hija del vecino fue al mercado.
2. La oficina del maestro es grande.
3. Fueron al mercado de la ciudad.
4. Estudiamos la lección del profesor.

Los secretos revelados en este capítulo

. **El estado constructo** traduce nuestro complemento de especificación.

. Es un estado compuesto por dos términos: el primero pierde el artículo, siempre. El segundo siempre tiene el artículo, a menos que sea un nombre propio.

. Estos dos términos nunca pueden separarse: el adjetivo que hace referencia al primer término del estado de construcción también debe colocarse después del segundo término.

. Además, el adjetivo debe respetar las reglas de acuerdo descritas en el capítulo anterior.

11. ¡ADJETIVOS POSESIVOS Y NO SOLO!

Dos compañeros de cuarto se cruzan en casa y conversan sobre su día.

أ: مَرْحَباً! كَيْفَ حَالُّكَ ؟

A: Ciao! Come stai?

ب: أَنا بِخَيْرٍ وَ أَنْتَ ؟ . مَاذا عَمَلتَ اليَومَ؟

B: Bene e tu? Cosa hai fatto oggi?

أ: أَنا بِخَيْرٍ. ذَهَبتُ إلى بَيْتٍ جَدَّتي ثُمَّ إلى البَحْرِ مَعَ خَطيبتي وَ صَديقتِها. وَ أنتَ؟

A: bene! Sono andato a casa di mia nonna e poi, sono andato al mare con la mia ragazza e la sua amica. Tu?

ب: خَرَجْتُ مَعَ أهْلي وَ أَكَلْنا في بَيْتٍ جارِنا. رَجَعْتُ إلى البَيْتِ قَبْلَ قليلٍ

B: sono uscito con la mia famiglia e abbiamo mangiato dal nostro vicino. Sono tornato a casa poco fa.

Transliteración y palabras nuevas:

a: MarHban. Kaīfa Hāluka?
b: anā bi khaīrin. Wa anta? Mādhā 'amalta al-yauma?
a: anā bi khaīrin. Dhahabtu ila baīti gaddati thumma ilā l
baHri ma'a khaṭībatī wa ṣadīqatiha. Wa anta?
b: kharagtu ma'a ahlī wa akalna fi baīti gārinā. Raga'tu ilā l
baīti qabla qalīlin

كَيْفَ حَالُكَ؟	¿Cómo estás? (tú m.)	مَعَ	con
بِخَيْرِ	Bien	خَطِيب	Chico
مَاذَا	Qué(en las preguntas)	خَرَجَ	Salir
عَمَلَ	Hacer	أَهْلَ	Familia
جَدّ	Abuelo	أَكَلَ	Comer
ثُمَّ	Después	جَار	cercano

11.1. ¿Es realmente tan fácil? ¡No exactamente!

Hoy aprenderás a expresar posesión en árabe, que significa "mío", "tuyo", etc.

Verás que, después de entender el mecanismo, las reglas son muy simples.

En primer lugar, en árabe **se usa siempre la misma partícula para expresar el adjetivo posesivo** y no se declina, por tanto, como ocurre en italiano con los distintos "mi" "mío".

Sin embargo, existen algunas dificultades:

. El primero se refiere a la posición de esta partícula: la partícula antes mencionada, de hecho, se adhiere al final del sustantivo y juntas se convierten en una sola palabra.

. El segundo se refiere a la relación de la partícula con el artículo del sustantivo, ya que también hace que el sustantivo pierda su artículo; este último debe considerarse, como bien ha entendido, el primer término de un estado de construcción.

Ej. Mi libro (traducción literal: libro mío / libro mío)

. El tercero se refiere a su relación con el estado de construcción, ya que, cuando el nuevo término (formado por el sustantivo más la partícula que expresa el adjetivo posesivo), es el segundo término de un estado de construcción, el primer sustantivo pierde el artículo.

j. El libro de mi vecino (primer término) (segundo término)

129

(traducción literal: libro cerca de mí / yo)

. El cuarto se refiere a su relación con los diferentes casos: **las partículas, colocadas al final del sustantivo, son invariables:** el caso se hace explícito en la consonante precedente.

11.2. Las partículas que expresan nuestros adjetivos posesivos

Pronombre	Partícula expresando el adjetivo posesivo	Traslitteración
أَنَا	ي	ī
أَنْتَ	كَ	ka
أَنْتِ	كِ	ki
هُوَ	* هُ ـ ـهِ	hu-hi
هِيَ	ها	ha
هُمَا	هُمَا	humā
نَحْنُ	نا	nā
أَنْتُمْ	كُمْ	kum
أَنْتُنَّ	كُنَّ	kunna
أَنْتُمَا	كُمَا	kumā
هُمْ	* هُمْ ـ هِمْ	hum-him
هُنَّ	هُنَّ	hunna

* Es sólo una cuestión de fonética: si la vocal precedente la partícula es una i se vocalizará "hi", de lo contrario siempre será **"hu"**.

11.3. Algunos ejemplos

En este párrafo les mostraré un ejemplo para cada "dificultad" enumerada anteriormente. Entonces, será tu turno.

1 y 2: Posición de la partícula y caída del artículo

En español	En árabe (caso nominativo)	Traslitteración
Tu libro (m.)	كِتَاب اكُ	kitābuka

3: El adjetivo posesivo y el estado de construcción

El libro (primer término) del Tu vecino(m.) (segundo término)	كِدَاتُ جَارِك	Kitābu gārika

133

4: El adjetivo posesivo y los diferentes casos

	En árabe	En español
Nom.	Su lección es noiosa	دَرْسُ ها مُمِّ ل Darsuha mumillun
Acc.	Hemos estudiado tu lección.	درَرَسْنا درْ سَن لك Darasnā darsaka
Obl.	Hemos ido a casa del vecino	ذَهَبْتَ إلى بيْ ت جارِك Dhahabta ila bayti gārika

134

11.4. ¡Y ahora practica!

En este ejercicio simplemente tendrás que rellenar los espacios con el **"adjetivo posesivo"** correcto, subrayado en la frase italiana.

1. La loro casa è bella.

1بَيْتَ.... جَميلٌ

2. Sono andata nel suo (m.) ufficio.

2ذَهَبْتُ إلى مَكْتَب...

3. Siamo usciti con il nostro amico.

3خَرَجْنا مَعَ صَديقِ...

4. Loro due hanno capito la (loro) lezione.

4 فَهِما دَرْسَ...

11.5. Soluciones y transcripción

1.baytuhum gamīlun

2.dhahabtu ilā maktabihi

3.kharagna ma'a ṣadīqinā

4.fahimā darsahumā

Los secretos revelados en este capítulo

. El adjetivo posesivo es invariable y nunca tiene el artículo.

. El posesivo se escribe adjunto y al final del sustantivo.

. Las vocales cortas que representan los casos se escriben en la consonante que precede al adjetivo posesivo.

. Si el sustantivo determinado por el adjetivo posesivo es el segundo término de un estado constructivo, este último permanece como tal y, por tanto, el primer término pierde el sustantivo. Por lo tanto, tendrá dos términos adjuntos sin artículo.

12. EL PRESENTE DE INDICATIVO

12.1. Porque a los entusiastas de las matemáticas les encantará

Para explicar cómo se forma el presente (que, como verás, es simple y regular), necesitamos aclarar un concepto: **en árabe todos los verbos tienen 3 radicales.**

En la conjugación de un verbo estos radicales nunca varían, como habrás notado en la conjugación del tiempo pasado.
El mismo concepto se aplica al presente, pero aquí la regla es un poco más complicada.

Para formar el Presente no basta con añadir terminaciones al final sino que, en ocasiones, también es necesario añadir prefijos o, según la persona, solo prefijos.

En cuanto a la vocalización, sin embargo, hay que tener en cuenta los radicales del verbo:

. **El primer radical** siempre está en silencio, es decir, tiene un sukun.

. La vocal **del segundo radical** es específica de cada verbo y se informa en el vocabulario.

. **El tercer radical** por otro lado, depende de la persona (tenga o no terminación), de lo contrario siempre es **damma** (u).

Ejemplo con el verbo **darasa:** la "d", la primera, es muda.

La segunda, la "r", se vocaliza con una "u", porque así dice el diccionario.

La tercera, la "s", depende de si hay o no un final.

Te puede parecer complicado, pero es muy simple, porque es regular: una vez que entiendas la regla, podrás aplicarla a todos los verbos trilitter y podrás conjugar una gran cantidad de verbos. Es solo cuestión de paciencia y entrenamiento.

Ahora te mostraré los distintos prefijos y posibles terminaciones, específicos de cada persona.

12.2. Prefijos y terminaciones del presente indicativo

Pronombre	Prefijo	Desinencia	Traslitteración	
أَنَا	اِ		a	
أَنْتَ	تَـ		ta	
أَنْتِ	تَـ	ـينَ	ta	īna
هُوَ	يَـ		ya	
هِيَ	تَـ		ta	
هُمَا (m)	يَـ	ان	ya	āni
هُمَا (f)	تَـ	ان	ta	āni
نَحْنُ	نَـ		na	
أَنْتُمْ	تَـ	ونَ	ta	ūna
أَنْتُنَّ	تَـ	نَ	ta	na
أَنْتُمَا	تَـ	ان	ta	āni
هُمْ	يَـ	ونَ	ya	ūna
هُنَّ	يَـ	نَ	ya	na

N.B. Si la primera letra de la desinencia no es vogal larga, la última radical del verbo no se voaliza; se pone un sukun.

Añadimos ahora el verbo **"darasa"**, con consciencia de la regras inlustradas antes, y vamos a ver el resultado".

verbo	traslitteración	Traducción
أَلأَدْرُسُ	Adrusu	Yo estudio
تَدْرُسُ	Tadrusu	Tú estudias (m.)
تَدْرُسِينَ	Tadrusīna	Tú estudias (f.)
يَدْرُسُ	Yadrusu	Él estudia (m.)
تَدْرُسُ	Tadrusu	Ella estudia (f.)
يَدْرُسَانِ	Yadrusāni	Ustedes dos estudian (duale m.)
تَدْرُسَانِ	Tadrusāni	Ustedes dos estudian (duale f.)
نَدْرُسُ	Nadrusu	Nostros estudiamos
تَدْرُسُونَ	Tadrusūna	Vostros estudíais (m.)
تَدْرُسْنَ	Tadrusna	Vostros estudías (m.)
تَدْرُسَانِ	Tadrusāni	Vostros dos esudíais (dual)
يَدْرُسُونَ	Yadrusūna	Ellos estudian (m.)

N.B. Si la primera letra de la terminación no es una vocal larga, la última raíz del verbo no se vocaliza; se pone un sukun.

Ahora agreguemos el verbo "darasa", recordando las reglas anteriormente ilustradas, ¡y veamos el resultado!

12.3. La regla es simple, solo necesitas un poco de práctica

En este ejercicio, solo les pediré que conjuguen algún verbo, que ya hemos encontrado juntos en tiempo pasado.

Te escribiré la única vocal, para la que deberás comprobar el vocabulario (el del segundo radical), junto al verbo.

¡Buen ejercicio!

1) tu esci (f.); 2) uscite (m.) 3) esce (f.)

1) capiamo; 2) capiscono (m.); 3) capisce (m.)

1) vado; 2) vai (m.); 3) vanno (duale m.)

12.4. Llaves

خَرَجَ ُ

1	تَخْرُجِينَ	2	تَخْرُجونَ	3	تَخْرُجُ
1	takhrugīna	2	takhrugūna	3	takhrugu

فَهِمَ ِ

1	نَفْهَمُ	2	يَفْهَمونَ	3	يَفْهَمُ
1	nafhamu	2	yafhamūna	3	yafhamu

ذَهَبَ َ

1	آذْهَبُ	2	تَذْهَبُ	3	يَذْهَبانِ
1	adhhabu	2	tadhhabu	3	yadhhabāni

Los secretos revelados en este capítulo

. En este capítulo, habrás notado cómo todas las palabras en árabe, ya sean verbos o sustantivos, giran en torno a tres radicales: para formar el verbo en tiempo presente, solo necesitas agregar prefijos y / o terminaciones a estos tres radicales.

. Recuerda tres reglas para formar el presente: el primer radical calla; el segundo varía según el verbo; el tercero según la persona.

. Finalmente, recuerde que estas reglas son fijas; ahora puede conjugar cualquier verbo triliterus.

13. EL VERBO HABER ¿NO EXISTE?

13.1. Aquí hay algunos inventos debidos a los árabes

Después de presentarles a una importante e histórica mujer musulmana, me gustaría contarles sobre el amor de los árabes por la ciencia: **muchos descubrimientos se deben a grandes estudiosos y científicos del mundo árabe-islámico, que también han influido en el mundo occidental con sus investigaciones.**

Sus descubrimientos e invenciones han dejado un gran impacto en muchos campos científicos, como la astronomía, la medicina, la química y la óptica.

Las ciencias modernas deben mucho al antiguo mundo árabe

En el mundo de la **medicina** podemos mencionar **Abu al-Qasim al-Zahrawi** (Latinizado en Abulcasis), cirujano que vivió alrededor del 1000, que compuso una enorme enciclopedia, en la que describió varios instrumentos quirúrgicos de su invención, como el catgut, un hilo muy particular utilizado para curar heridas internas, que todavía se utiliza hoy en día en quirófanos.

Se cree que Al-Zahrawi es el padre de la cirugía moderna

En el mundo de la **Química** encontramos, sin embargo, a Jabir ibn **Hayyan** (latinizado en Geber), filósofo, geógrafo y farmacéutico persa, que vivió entre los siglos VIII y IX, para quien la invención del alambique, principal instrumento de la destilación y el descubrimiento del agua regia, utilizada para abollar y disolver metales preciosos como el oro y el platino. **Se le considera el mayor alquimista de la Edad Media.**

Geber, uno de los padres de la química moderna

En el mundo de la **óptica,** no se puede dejar de mencionar a al-Haytham (también conocido como Alhazen), un científico que vivió entre los siglos X y XI: sin él, inventos como el cine y la fotografía, probablemente no se hubieran realizado, en cuánto, descubrió el principio del cuarto oscuro. Por tanto, Alhazen es considerado el iniciador de la óptica moderna.

Además, también existen otros inventos y descubrimientos que surgen de la cultura y tradición del mundo árabe en general, para los que no es posible encontrar un solo inventor.

Por ejemplo, el descubrimiento de las propiedades de la planta del café, la invención del jabón o el principio del bolígrafo. Todas las cosas que todavía usamos hoy, por lo que tenemos que agradecer a los árabes.

Es bueno saber, de hecho, que entre los siglos VIII y XIII (la llamada Edad de Oro islámica), el mundo árabe se convirtió en un centro intelectual para la ciencia, la filosofía, la medicina, la astrología, las matemáticas, alquimia y educación, gracias al apoyo que la dinastía de los iluminados califas abbàsid, prodigó a la causa.

Establecieron la Casa de la Sabiduría (Bayt al-Ḥikma) en Bagdad, donde musulmanes y otros eruditos religiosos intentaron traducir y recopilar todo el conocimiento del mundo antiguo, en aproximadamente medio millón de volúmenes.

Gracias a esta preciosa institución, muchas obras clásicas de la antigüedad, que de otro modo se habrían perdido, se tradujeron al árabe y al persa y luego, a su vez, al turco, al hebreo y al latín.

Durante este período el mundo árabe se convirtió en un conjunto de culturas que lograron sintetizar los conocimientos adquiridos por los antiguos romanos, chinos, indios, persas, egipcios, griegos y bizantinos.

Incluso mencionar otros merece la pena:

. **Abu Bakr Zakariyya al-Razi** (aproximadamente 854-925 / 935), gran médico, a quien debemos la identificación de la viruela y el sarampión y el reconocimiento de la fiebre como mecanismo de defensa del sistema inmunológico;

. **Al-Battani** (850–922), quien hizo una contribución fundamental a la astronomía, calculando con precisión la duración de un año solar y contribuyendo a la redacción de tablas astronómicas (llamadas "zīj"), utilizadas para predecir la posición de las estrellas en el cielo;

. **Al-Khwarizmi** (siglos VIII-IX), matemático, geógrafo y astrónomo, responsable de la adopción del sistema de numeración árabe y del desarrollo del álgebra;

. **Al-Nafis** (1213-1288), médico y cirujano, a menudo referido como el "padre de la fisiología circulatoria", ya que fue el primero en identificar el tránsito pulmonar de la sangre, que permite la reoxigenación. Antes que él, se pensaba que la sangre simplemente se filtraba a través de los orificios entre las cámaras del corazón y no pasaba también por los pulmones.

Muchos otros eruditos y científicos islámicos, de un nivel magnífico, merecen al menos una mención aquí pero, por el mero deber de síntesis, me limitaré a estos.

13.2. Averigüemos cómo se las arreglan los árabes para vivir sin el verbo tener

En realidad, la solución es bastante simple: para entenderlo, basta recordar cuáles son las partículas que realizan la función de adjetivo posesivo (ver Capítulo 11).

Cuando estos últimos están precedidos por una de estas preposiciones :

1) عِنْدَ

2) لَدَى

3) لَ / لِ

Lo que significa **"cerca"** (los dos primeros) y "hasta" (el último), tendremos el equivalente de nuestro verbo tener.

Por ejemplo, si quiere decir *"Tiene un libro"*, dirá:

عِنْدَهُ كِتاب

Dicho esto, antes de poder expresar el verbo HAVE de manera perfecta, debemos prestar atención a tres puntos concernientes: fonética, análisis lógico y la forma de expresar la edad.

En cuanto a FONÉTICA

1.	La preposición ل puede tener dos vocalizaciones:

. Si le sigue una partícula, se vocaliza con **la fatha / a;**
. Si va seguido de un sustantivo, se vocaliza **con kasra / i.**

2.	Recuerde que la "ī" de posesión siempre prevalece sobre la última semivocal de una preposición o sustantivo.

Por lo tanto, no diremos عِنْدَي sino عِنْدِي

3.	Del encuentro entre el "ي" y el "ī" habrá un ya con el **shadda** vocalizado con el **fatha / a.**

Entonces, por ejemplo, la segunda preposición, combinada

con la posesión "ī" se leerá لَدَيَّ

152

Respecto al ANÁLISIS LÓGICO

¿Qué en italiano es el complemento de objeto?, que es el objeto poseído, en árabe se convierte en sujeto y, por tanto, la frase antes mencionada debe decir:

$$\text{عِنْدَهُ كِتابٌ}$$

Como, literalmente, significa *"con él hay un libro"*: el libro es, por tanto, el sujeto de la oración y, por tanto, su caso es el del nominativo.

Mientras que lo que en italiano es el sujeto, en árabe debe tratarse como un caso indirecto, ya que está precedido de una preposición.

Entonces, la oración: "el libro tiene una bonita portada" se vocalizará de la siguiente manera:

$$\text{عِنْدَ الكِتابِ غِلافٌ جَميلٌ}$$

En cuanto a EDAD

La edad en árabe no se expresa mediante una de estas preposiciones, sino mediante el sustantivo "عُمْر" que significa "vida, edad".

Entonces, "tiene ...", dirá ...

$$عُمْرُهُ$$

Lo que literalmente, como ya sabes, significa "su vida es ...".

13.3. Algunas preposiciones útiles (parte II)

Con esta segunda tabla de preposiciones, veremos otras muy útiles; aquellos que terminan con *alif maqsura* "ى" se comportarán como لَدَى cuando encuentren la partícula "YO".

Prep.	Traslit.	Traducción
على	ʻalā	Arriba, encima
وَرَاءَ	Warāʼa	En
بَيْنَ	Baīna	Entre
مِنْ	Min	De/de
إلى	ilā	hacia

13.4. ¡Diviértete y aplica lo que lees!

Hay algunas frases que les informo, ¡así que intenten traducirlas sin mirar el vocabulario!

1.   *El profesor tiene dos libros.*

2.   *Hay un gran mercado frente a mí.*

3.   *Tiene un perro grande y amable.*

4.   *Estudiamos en la biblioteca de la escuela.*

13.5. Llaves

1 لِلمُّعَلِّمِ كِتابانِ

2 أمامي سوقٌ كبيرٌ

3 لَها كَلبٌ كبيرٌ وَ لَطيفٌ

4 دَرَسْنا في مَكْتَبَةِ المَدْرَسةِ

Los secretos revelados en este capítulo

. En árabe, la posesión se expresa mediante preposiciones y no con un verbo: la partícula que expresa el adjetivo posesivo debe agregarse a las preposiciones.

. La partícula que expresa el adjetivo posesivo de la primera persona del singular cancela la última semivocal o vocal larga: siempre prevalece el sonido de ī.

. La mayoría de las preposiciones de tiempo y lugar se vocalizan con la fatha / a final.

14. LA NEGACIÓN (Parte I)

14.1. Sunitas y chiitas

La división entre sunitas y chiítas es sin duda la más conocida en el mundo musulmán. Pero, ¿en qué se basa esta divergencia? Cual es su relación?

Los sunitas representan la corriente mayoritaria del Islam, ya que el 85% de los musulmanes pertenecen a esta corriente, mientras que solo el 15% restante son chiítas. Estos últimos no se encuentran dispersos por todas partes en el mundo musulmán, sino que se concentran principalmente en Irán, Irak y Líbano.

La divergencia entre los dos grupos surgió pocos años después de la muerte de **Mahoma**, en 632, y tiene como problema central el de su sucesión: los sunitas apoyaron la tesis de que el sucesor tenía que ser **Abu Bakr**, uno de los más fieles compañeros del profeta, así como su suegro; los chiítas designaron a ʿ**Alī**, yerno y primo del profeta, como su nuevo guía. Luego, los musulmanes se dividieron y los chiítas siempre se encontraron en minoría, en gobiernos dirigidos por sunitas, hasta 1501, cuando la dinastía Safavid tomó el poder en el actual Irán.

Desde entonces, las cuestiones religiosas y políticas se han entrelazado cada vez más a favor de este último.

Hay que recordar que las dos facciones tienen muchas creencias y prácticas en común, **como los cinco pilares.**

Muhammad (570-632), fundador y profeta del Islam

Una de las principales diferencias radica en la figura del **imán**. Según los sunitas, estos tienen un papel mucho más limitado, ya que pueden guiar la oración; mientras que, según los chiítas, el imán puede liderar la comunidad, tanto espiritual como políticamente.

14.2. La negación del presente

En este capítulo comenzaremos a tratar un tema bastante complicado, la negación, pero iremos paso a paso y comenzaremos con los dos tipos más simples de negación: la del verbo en presente, seguida de la del "verbo" tener.

En los siguientes capítulos nos ocuparemos de la negación del verbo to be y del verbo en pasado.

"Yalla", comencemos con el primer tipo de negación.

Para la negación del verbo en presente, es suficiente poner delante del verbo conjugado la partícula "ﻻ", que es "no". Entonces leerá "allí".

Es muy sencillo y a continuación te mostraré un par de ejemplos. Solo preste atención a las reglas del verbo en árabe: se anticipa al sujeto y siempre es singular si el sujeto es explícito.

Ej: Dario no entiende la lección del maestro:

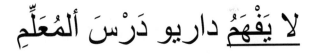

$$\text{لا يَفْهَمُ داريو دَرْسَ ٱلْمُعَلِّمِ}$$

Lā yafhamu Dariu darsa al mu'allimi.

Agregamos también una nueva regla: si el verbo ya se ha hecho explícito y en la oración hay un segundo verbo que hace referencia al mismo sujeto, entonces debe conjugarse con la persona también en número, no solo en general.

Ej: los estudiantes no van a la escuela y se van a casa.

لا يَذْهَبُ الطُّلَّابُ إلى المَدْرَسةِ وَ يَرْجَعونَ إلى البَيْتِ

Lā yadhabu aṭ-ṭullabu ilā l madrasati wa yarga'una ilā l bayti.

14.3. La negación del verbo haber

El primer tipo fue fácil, ¿no? Ahora debes prestar un poco más de atención y supongo que ya sabes por qué.

De hecho, si el verbo haber en árabe no existe, ¿cómo negarlo? Buena pregunta, pero la respuesta está ahí, no te preocupes.

Para responder a esta pregunta, les presentaré, de manera incompleta (por ahora), un verbo bastante particular: el verbo que niega el verbo ser.

Y sí, entendiste bien: en árabe hay un verbo que, cuando se conjuga, significa "yo no soy", "tú no eres", etc.

Sin embargo, para negar el verbo haber, solo necesitas conocer las formas de la tercera persona del singular de este verbo.

Ahora descubrirás por qué. Pero primero veamos estas formas y luego hagamos un par de ejemplos.

A continuación encontrarás la tabla: si tienes dudas, dificultades y cualquier otra cosa por el momento, déjalas a un lado y concéntrate en memorizar estas dos formas; en capítulos posteriores, tendrá las respuestas a sus observaciones, lo prometo.

Verbo	Traslitteración	Traducción
لَيْسَ	laysa	No es/ no hay (m.)
لَيْسَتْ	Laysat	No es/ no hay (f.)

Ej: *(él) no tiene casa.*

لَيْسَ لَهُ / عِنْدَهُ بَيْتٌ

Para entender cómo surgió esta traducción, es necesario reflexionar un momento sobre su traducción literal: es decir, no es su casa, con la primera preposición, o no hay casa para él, con la segunda preposición.

Para negar la oración que usamos **laysa** لَيْسَ

en que el sujeto es masculino y singular, eso es la casa.

Por tanto, la concordancia de لَيْسَ depende del sujeto de la oración, el que en italiano corresponde a nuestro complemento objeto, y no de la persona. Aclararemos el concepto con dos ejemplos más.

164

Si quisiera decir "tú (m.) No tienes casa", solo cambiaría la partícula que indica el adjetivo posesivo y nada más, ya que la traducción literal es "no es un auto para ti / no hay un coche que tú ".

لَيْسَ عِنْدَكَ / لَكَ بَيْتٌ

Mientras que, si quise decir "no tienes coche", solo cambiaría el acuerdo de لَيْسَ

ya que la palabra "máquina", سيَّارة, es femenina en árabe, cuyo símbolo, como recordarás, es la **ta marbuta**.

La traducción literal sería, de hecho: "no es un coche para ti / no hay coche contigo".

لَيْسَتْ لَكَ/ عِنْدَكَ سيَّارَةٌ

14.4. Coge papel y bolígrafo, ¡ahora es tu turno!

¿Plural o singular? ¿cómo debo conjugar لَيْسَ؟

¿Cuál es la partícula correcta? En este ejercicio le pediré que complete el espacio en blanco.

Cuente hasta 10 antes de completar; requiere algo de atención.
Pequeño consejo: copie las oraciones en una hoja aparte; ¡para que puedas volver a hacer el ejercicio en unos días y puedas ver las diferencias!

1. Ella no tiene perro (كَلْب)

لَيْسَ لَ ... كَلْبٌ .

2. Hoy no tenemos clase (اليَوْمَ)

... عِنْدَنا دَرْسٌ اليَوْم

3. No tienen libros de historia (تاريخ)

... لَ... كُتُبُ ألتاريخِ

4. Las alumnas no van a la escuela y regresan a casa

لا ... الطالباتُ إلى المَدْرسةِ وَ ... إلى البَيتِ

14.5. Llaves

1 لَيْسَ لَها كَلْبٌ

2لَيْسَ عِنْدَنا دَرْسٌ اليَوْمَ

3 لَيْسَتْ لَهُم كُتُبُ ألتاريخِ

4لا تَذْهبُ الطالِباتُ إلى المَدْرسةِ و يَرْجَعْنَ إلى البَيتِ

Los secretos revelados en este capítulo

. El presente se niega colocando la partícula "lā" antes del verbo.

. El "verbo" tener se niega usando "laysa" o "laysat", según el sujeto de la oración, que corresponde a compl. objeto en italiano.

. El verbo, si sigue el sujeto ja expresado en la frase y se refiere al mismo sujeto, y se conjuga a según de la persona a la que el sujeto se refiere.

15. CÓMO ENRIQUECER LA COMUNICACIÓN CON MUY POCAS REGLAS

En este breve texto, encontrará la descripción de **Jerash**, un hermoso sitio arqueológico, ¡absolutamente por descubrir!

جِرَش مَدينةٌ قَديمةٌ و رومانيّةٌ في شَمالِ الأُرْدُنِ.

Jerash es una antigua ciudad griega y romana en el norte de Jordania.

اِسْمُها الثاني " بُومبي الشَّرْقيُّ "وَ في المَوْقِعِ الأَثاري الكَبيرِ مَسارِحُ وَ أَقْواسٌ وَ مَعابِدُ

Su segundo nombre es "Pompeya de Oriente" y en el gran sitio arqueológico hay teatros, arcos y templos.

هَدَمَتْ المَدينةَ زَلازِلُ قويّةٌ وَ كَشَفَها عُلَماءُ الأَثارِ في القَرْنِ الماضي.

Fuertes terremotos destruyeron la ciudad y los arqueólogos la redescubrieron el siglo pasado.

اليَومَ لِلمَدية مِهْرَجانُ المُسيقى في الصَّيفِ.

Hoy la ciudad también tiene el festival de música durante el verano.

Transliteración y palabras nuevas

Gerash madīnatun qadīmatun wa rūmāniyyatun fī shamāli al urduni. Ismuhā al-thānī "Bumbei al sharqiyyu" wa fī l maūqi'i l athāri l kabīri masāhariHun wa ma'ābidu.
Hadamat al madīnata zalāzilu qawyya wa kashafahā 'ulamāu'ul' athāri fi l qarni al mādī.
Al yauma lil madīnati mihragānu al musīqa fi ṣ-ṣaīfi

قَديم	Antiguo	مَسارِحُ	Teatros
شَمال	Norte	مَعابِدُ	Templos
الأُرْدُنُ	Giordania	زَلازِلُ	Sismos
الثَّانى	Segundo	قَوِيّ	Fuerte
مَوْقِع	Sitio	عُلَماءُ	Cientistas / savios
آثارى	Arquélogico	مِهْرَجان	festival

170

15.1. Las dos partículas del futuro

En este capítulo, los temas tratados serán mucho más sencillos, pero aun así darás grandes pasos en la comunicación; podrás expresarte en el futuro y podrás formar oraciones con complementos.

Nada mal para alguien que, hace apenas quince días, ni siquiera sabía el alfabeto árabe, ¿verdad?

Para formar el futuro, basta con colocar una de estas dos partículas antes del verbo conjugado en presente.

Entonces, si quise decir "estudiaremos en la biblioteca", simplemente escribiré:

1سَنَدْرُسُ في المَكْتَبَةِ

2 سَوْفَ نَدْرُسُ في المَكْتَبَةِ

Recuerde esta importante regla:

Cualquier palabra, sustantivo, preposición o conjunción, <u>formada por una sola letra</u>, debe escribirse adjunta a la siguiente; nunca se escribe AISLADA.

Por tanto, el futuro *"sa"* se escribirá adjunto al verbo de la oración.

15.2. Los pronombres de complemento

Nuevamente, la regla para formar pronombres es bastante simple:
para formarlos usamos las partículas que expresan el adjetivo posesivo (encontrado anteriormente).

15.2.1. Los pronombres de complemento de objeto

Antes de dar un ejemplo, es bueno saber un par de información sobre los pronombres compl. objeto: su posición dentro de la oración y los cambios que ocurren cuando el verbo y las partículas se encuentran.

Recuerde, de hecho, que **el pronombre de objeto no está presente en una oración a menos que esté acompañado por un verbo.**

Preste atención y su ubicación:

A diferencia del italiano, los pronombres en árabe siempre se encuentran **DESPUÉS del verbo y se escriben adjuntos al verbo,** ya que estas partículas nunca se escriben de forma aislada.

Además, conviene recordar que: Para concederlos **se aplica la misma regla que para los adjetivos y verbos: para sustituir un plural no "humano" se debe utilizar el correspondiente a la tercera persona del singular femenino.**

1.   Claudia escribe un libro y lo publica

.(نَشَرَ ُ   ْ)

Claudia escribe un libro y lo publica
تَكْتُبُ كلاوديا كِتاباً وَ تَنْشُرُ ه
Taktubu Claudia kitāban wa tanshuruhu

2.   El estudiante estudió las lecciones (دُرُوس) y las entendió.

El estudante ha estudiado las lecciones y las ha comprendido.
دَرَسَ الطالِبُ الْ دروس وَ فِهِمَ ها
Darasa at-tālibu ad-durūsa wa fahimaha

175

Cambios

El encuentro entre partículas y verbos, en ocasiones provoca cambios en uno de los dos componentes de la oración: la ī de la primera persona, se convierte en *ni* por motivos relacionados con la fonética.

El alif de la tercera persona del plural del tiempo pasado (¡que se escribe pero no se pronuncia!), Si va seguido de un pronombre, desaparece de la escritura.

15.2.2. Los pronombres de complemento indirecto

La posición de estos pronombres dentro de la oración es la misma que tienen estos últimos en italiano, es decir, después de una preposición. Pero como estas partículas nunca se pueden escribir de forma aislada, deben escribirse adjuntas a la preposición.

Además, en ocasiones, el encuentro entre partículas y preposiciones, dan lugar a un cambio:

. Ya lo hemos visto con la preposición li que se convierte en la cuando encuentra una partícula.

. Las preposiciones que terminan en **alif maqsura** (ى) experimentan un cambio: el **alif** se convierte en ī.

Preste atención al siguiente ejemplo:.

El perro corre (رَكَضَ) hacia (إِلَى) ti.

El perro corre hacia ti! (m.)
يَرْكُضُ الكَلْبُ إِل ى كَ
yarkuDu al-kalbu ilaika!

15.3. Practica hoy también

¡Conecte el sustantivo a su pronombre adecuado!

1	الطُّلَّاب		كِ	a
2	الكُتُب		كُمْ	b
3	أَنْتِ		هُنَّ	c
4	البَنات		هُمْ	d
5	أَنْتُمْ		ها	e

15.4. Llaves

1, d
2, y
3, a
4, c
5, b

Los secretos revelados en este capítulo

. El futuro se forma poniendo solo una partícula antes del verbo presente.

. Los pronombres de complemento se expresan con las mismas partículas que se utilizan para formar el adjetivo posesivo.

. El pronombre de complemento de objeto tiene una posición diferente en comparación con la posición que tiene en la estructura italiana.

. El encuentro entre partículas y verbos o preposiciones puede dar lugar a cambios en uno de los dos componentes de la oración.

16. LA NEGACIÓN (Parte II)

Después de repasar las partículas que expresan el adjetivo posesivo y haber descubierto, sobre todo, que no juegan solo este papel dentro de la oración, retrocedamos y completemos la negación.

Hoy enfrentaremos dos tipos de negación: la del pasado y la del verbo ser, que ya hemos vislumbrado.

16.1. La negación del pasado

El "no" del pasado se traduce de manera muy simple: sí

debe preceder al verbo conjugado con la partícula ما

Entonces, para decir "No entiendo", simplemente diga:

ما فَهِمْتُ

181

16.2. La negación de la oración nominal y sus dos peculiaridades: los radicales y el predicado

Ahora, en cambio, pasemos a un tipo de negación algo más complicado, el de la **oración nominal.**

Ya hemos conocido la tercera persona del singular de este verbo, con "laīsa" y "laīsat".

A continuación, se dará la conjugación completa de este verbo.

Antes de memorizar todas las personas hay que prestar atención a un detalle: aunque exprese la negación de un verbo presente, en realidad su formación refleja un verbo en tiempo pasado, es decir, <u>sus terminaciones son las que tuviste que aprender a conjugar un verbo en pasado.</u>

verbo	Trasliteración	traducción
لَسْتُ	Lastu	No soy yo
لَسْتَ	Lasta	No eres tú(m.)
لَسْتِ	Lasti	No eres tú(f.)
لَيْسَ	Laīsa	No es él (m.)
لَيْسَتْ	Laīsat	No es ella (f.)
لَيْسَا	laīsā	No son ustedes dos (duale m.)
لَيْسَتَا	laīsatā	No son ustedes dos (duale f.)
لَسْنَا	lasnā	No somos

لَسْتُمْ	Lastum	No sóis (m)
لَسْتُنَّ	Lastunna	No sóis (f.)
لَسْتُمَا	Lastumā	No sóis vosotros dos (duale)
لَيْسُوا	laīsū	No son (m.)
لَسْنَ	lasna	No son(f.)

183

La primera peculiaridad del verbo radica en el hecho de que hay dos radicales; cambia según la vocalización (o no) de la terminación de las personas en tiempo pasado:

. **"Laïs"** se usa para personas cuyas terminaciones en pasado son una **vocal larga** o un **sukun.**

. **"Las"** debe usarse para personas cuyas terminaciones de tiempo pasado se expresan solo con una vocal corta.

La otra peculiaridad se refiere a su predicado: de hecho, va al caso acusativo y no al nominativo, como una oración nominal afirmativa.

Presta atención, por tanto, a recordar cuál es el acusativo del plural masculino, del dual y del femenino y cuáles son las reglas de los adjetivos.

En cuanto al resto, *"laïsa"* sigue las mismas reglas que un verbo "normal", es decir: **debe escribirse antes del sujeto,** que permanece en el caso nominativo, y es singular cuando se encuentra antes del sujeto "explícito", plural o dual que es.

Aquí hay unos ejemplos. No te preocupes, es solo una cuestión de costumbre y rápidamente te adaptarás al uso de este verbo, que es muy útil y muy extendido.

1. El chico (شا بَّ) No lo es tipo

$$لَيْسَ الشَّابُّ لَطيفاً$$

2. Profesores no soy estricto. (Grave: صارِم)

$$لَيْسَ المُعَلِّمونَ صارِمينَ$$

Recuerde, entonces, que en este último ejemplo, la terminación "īna", colocada después del adjetivo "ṣarim", es la terminación del plural masculino en el caso acusativo.

16.3. Pruébalo ahora y practica

Ahora les propongo alguna traducción del árabe al italiano, ya que han pasado unos días desde la última vez. ¡Cuidado con los finales!

١!اَلَسْتِ كَبيرةً

٢ لَسْنا طُلّاباً

٣لَيْسَتْ البناتُ صارماتٍ

٤ما فَهِمَ داريو الدّرْسَ وَ أَنْتَ؟

16.4. Solución y transcripción

1.   ¡No eres genial! (tu f.)

Lasti kabīratan

2.   No somos estudiantes;

Lasnā ṭullaban

3.   Las niñas no son estrictas;

Laisat al-banātu ṣārimātin

4.   Darío no entendió la lección, ¿y tú?

Mā fahima Dario ad-darsa wa anta?

Los secretos revelados en este capítulo

. El tiempo pasado simplemente se niega poniendo la partícula "mā" antes del verbo.

. La construcción del verbo "laīsa", que sirve para traducir la negación del verbo ser, tiene dos peculiaridades: sus terminaciones son las del tiempo pasado y tiene dos radicales en función de la vocalización (o no) de cada terminación.

. El predicado del verbo "laīsa" va al acusativo.

17. EL MASDAR

17.1. Mereces un poco de descando: relájate con el descubrir como se desarrolla el matrimonio islámico (nikah)

El matrimonio con musulmanes tiene lugar en dos momentos separados: la parte de la redacción del contrato y la parte de las celebraciones con familiares y amigos.

La primera parte es aquella en la que los dos cónyuges se casan y firman el contrato de matrimonio ante dos testigos, varones musulmanes, uno de los cuales es tradicionalmente el padre de la novia.

El momento de la firma de la novia

El lugar de firma del contrato es variable y puede ser la mezquita, el futuro hogar de los cónyuges o el hogar de sus padres.

189

En el Islam, de hecho, no es un sacramento como en el cristianismo, sino un contrato, que se estipula entre el marido y el tutor de la novia. La figura del tutor no siempre es indispensable y esto se debe a que en el Islam existen diversas escuelas de pensamiento.

La tradicional decoración con henna de las manos de la novia

Sin embargo, sin duda, el matrimonio puede tener lugar entre dos musulmanes o entre un no musulmán y un musulmán, siempre que los niños sean educados de acuerdo con los principios de la ley islámica.

Una mujer musulmana no puede casarse con un no musulmán, a menos que el futuro cónyuge se convierta primero.
También durante la firma del contrato se reconoce una dote que el marido le debe a su mujer, de la que ella puede disfrutar en total libertad.

La segunda fase, la de las celebraciones, es muy característica: los cónyuges visten ropa tradicional, bailan, cantan y comen comidas típicas.

Vestidos de novia típicos islámicos

Sin embargo, por lo general, las celebraciones duran varios días y las mujeres y los hombres celebran en salas separadas.

17.2. El Masdar: ¿Cómo se usa? ¿Cuándo se usa? ¿Verbo o sustantivo?

Hoy descubriremos una palabra bastante particular, el masdar, que es capaz de traducir, en nuestro idioma, tanto un verbo como un sustantivo.

Dependiendo del contexto, de hecho, en italiano se puede traducir de ambas formas y esto facilita enormemente nuestra comunicación: mediante la memorización de una sola palabra, podemos hacer varias construcciones.

El masdar puede, de hecho, traducir: un sustantivo o un infinitivo en italiano. También puede traducir un subjuntivo, pero lo veremos más adelante.
A veces, durante la traducción, no es fácil distinguir entre verbo o sustantivo, pero el significado de la oración, como verás, no cambia mucho.

Pero en árabe, ¿qué es masdar?

Masdar, en árabe, es un sustantivo que indica una acción., por tanto, sigue tanto las reglas de los verbos como las de los sustantivos:

. Como todos los sustantivos, debe cumplir con las reglas de los casos y, por lo tanto, puede ser un caso nominativo, acusativo u oblicuo.

. Como todos los sustantivos, puede tener un verbo que debe asignarse al masdar por género y número; al ser un sustantivo, el masdar puede ser tanto masculino como femenino.

. Como indica una acción, es decir, un verbo, puede indicar una acción transitiva, la cual, para ser completa, debe tener un complemento de objeto.

. A diferencia de otros sustantivos, siempre debe estar determinado: ya sea por el artículo o por el estado de construcción.

El estado de construcción se utiliza si el masdar en cuestión indica una acción transitiva, es decir, contiene un complemento de objeto y el complemento de objeto está presente en la oración.

A continuación damos dos ejemplos con el masdar: en el primero el sustantivo viene determinado por el artículo; en el segundo, está determinado por el estado del constructo, ya que el masdar elegido indica una acción transitiva.

Se elegirá el masdar " دِراسَة " (dirāsa) que en árabe indica el acto de estudiar, el estudio.

En ambos casos, el masdar se traducirá como un infinito.

1.Estudiar es una cosa difícil (شَيْءٌ).

Estudiar es una cosa difícil
الدِّراسَةُ شَيْءٌ صَعْبٌ
Ad-dirāsatu shay'un ṣa'bun

193

1. _Estudiar algebra_ es una cosa difícil.

Estudiar algebra es una cosa dificil
براسة الجَبْرِ شيءٌ صَعْبٌ
Dirāsatu al-gabri shay'un ṣa'bun

17.3. Cómo conseguir y encontrar el masdar (Parte I): ¡aprendamos a usar el vocabulario con un truco!

En este párrafo veremos cómo se obtiene el masdar y cómo buscar su significado dentro del vocabulario.

Primero, sin embargo, me gustaría recordarles que, hasta ahora, solo hemos analizado verbos con tres letras; memorizar masdar no es tan difícil cuando los verbos tienen más de tres radicales.

Para derivar el masdar, de hecho, primero debemos buscar el verbo en el diccionario y luego debemos leer el sustantivo al lado: el sustantivo acusativo indeterminado corresponderá al masdar que estamos buscando.

Para los verbos compuestos por tres radicales, de hecho, el masdar no tiene reglas fijas, y cada vez tendrás que recurrir al diccionario.

Para encontrar su significado dentro del vocabulario, hay que examinar el sustantivo que tiene delante.

Como ya te he explicado, en árabe casi todos los sustantivos tienen solo tres radicales.
Entonces, incluso si hay una mayor cantidad de letras dentro de la palabra, las que sobran no son radicales.

Además, antes de iniciar la búsqueda, es necesario saber que el vocabulario va en orden alfabético pero solo sigue el orden alfabético de los radicales; las letras adicionales no tienen que calcularse al buscar un sustantivo.

La pregunta crucial es: ¿cómo distinguir los radicales del exceso de letras?

En árabe inventaron esta frase para memorizar las letras extra:

انْتَ موسى (ānta mūsā)

Atención, no significa que cada vez que cruces estas letras, significará que son letras en exceso, pero la mayoría de las veces lo será.

Tomemos el ejemplo del masdar anterior, "دِراسَة":

Una vez hayas eliminado el alif y la ta marbuta, que no es una letra, recuerda esto, pero solo el símbolo de lo femenino, tendrás los tres radicales que indican el estudio: da, ra, sa.
De hecho, es el masdar del verbo "**darasa**".

17.4. ¡Y ahora practica!

El ejercicio será bastante sencillo: te escribiré un masdar y tendrás que buscar en el diccionario el verbo del que proceden y su significado.

Será muy aburrido al principio, pero así es como se memorizan las palabras, ¡créeme!

دُخُول	5	خُروج	1
ذَهاب	6	فَهْم	2
فَتْح	7	طَلَب	3
أَخْذ	8	حُدُوث	4

17.5. Llaves

	Radicales	significado
1	خ ر ج	Salir. el acto de salir
2	ف ه م	Comprender, el comprender
3	ط ل ب	Pedir, el pedir
4	ح د ث	Accaer
5	د خ ل	Entrar, el acto de la entrada
6	ذ ه ب	Ir
7	ف ت ح	Abrir, el abertura
8	ء خ ذ	Tomar, el tomar

Los secretos revelados en este capítulo

. Masdar es un sustantivo que indica una acción.

. El masdar sigue las reglas de los sustantivos pero en cuanto a su determinación hay que prestar atención a su valor verbal: ¿es transitivo o no? ¿Existe el complemento de objeto en la oración?

. Usar el diccionario no es fácil y requiere un poco de paciencia: distinguir entre radicales y letras sobrantes no siempre es intuitivo.

18. أَنْ Y OTRAS PARTÍCULAS ÚTILES!

18.1. Las fiestas musulmanas más importantes

Principalmente, solo hay dos fiestas observadas por quienes practican esta religión: la fiesta de la Interrupción (ayuno) y la fiesta del Sacrificio.

Id al-fitr, عيد الفِطر, es la fiesta *de la interrupción*: También se le llama **"Fiesta Pequeña"**, ya que sus celebraciones duran "solo" 3 días. Se celebra durante los primeros tres días del mes de **Shawwāl**, que es el que sigue al noveno mes del calendario islámico, el mes de **RamaḌān** y, por lo tanto, se celebra el final del largo ayuno.

Comienza con una oración llamada fiesta (عيد) que se practica temprano en la mañana y al aire libre, en grandes lugares públicos.

Tradicionalmente, durante esta festividad, vecinos y familiares intercambian muchos dulces (que han estado preparando incluso una semana antes) y les dan dinero a los niños. También se hace una limosna especial para esta fiesta.

Ma'mul, postre típico de las fiestas islámicas

Id al-adha, عيد الأضحى, es, en cambio, el *banquete de sacrificio*, también conocida como la "Gran Fiesta", ya que sus celebraciones duran 4 días.

Se celebra a partir del décimo día del mes de **dhū lHigga**, el duodécimo mes del calendario islámico.

La tradición dice que en este día Dios se apareció a Abraham y le ordenó sacrificar un animal en lugar de su hijo. Por eso los musulmanes, después de haber realizado la misma oración festiva que se practica para *la fiesta de la interrupción (del ayuno)*, aún practican el sacrificio de un carnero o un cordero, cuya carne luego será distribuida entre los pobres.

Además de esto, tradicionalmente, durante estas vacaciones, la gente viaja y visita al resto de la familia.

18.2. ¿Qué poder tienen las partículas?

Antes de pasar a la presentación de todas estas partículas, te diré cómo afectan a la oración y cuáles son las reglas que crean, ya que todas tienen un impacto en la oración, nominal o verbal. De hecho, influyen en la determinación de casos y el orden de una sentencia verbal.

Ten cuidado, por tanto, porque de nuevo tendrás que vigilar el sujeto y el predicado ...

Esta es la última vez que tendrás que hacer esto, te lo prometo.

Tener un impacto en la determinación de casos, en eso, estas partículas tienen el poder de enviar al sujeto en el caso acusativo, mientras que el predicado permanece en el caso nominativo.

Tienen un impacto en la estructura de la oración, ya que nunca pueden ir seguidos de un verbo o un predicado, sino sólo de un sustantivo o un pronombre, que ocupa el lugar del sujeto de la oración.

Siempre debe haber un sujeto en la oración y si el sujeto está implícito, se debe usar un pronombre.

No usaremos el pronombre de sujeto sino el que se usa para expresar el adjetivo posesivo o el pronombre de objeto.

A partir de aquí, debe deducir dos reglas usted mismo:

. El pronombre se escribirá adjunto a la partícula en cuestión, ya que nunca se puede escribir de forma aislada (ya que está compuesto por una sola letra).

. Dado que el sujeto o pronombre debe escribirse ANTES del verbo, este último debe estar en total concordancia con su sujeto, ya que ahora el sujeto es explícito.

18.3. Presentación de las partículas

A continuación, te mostraré cuáles son estas misteriosas partículas que tanto influyen en una oración y, por supuesto, su traducción relativa.

También haremos un par de ejemplos para poner en práctica lo que se acaba de describir en teoría.

Partícula	Traducción	Trasliteración
أنْ *	Que (no pronombre relativo sino conjunción)	Anna
بِمَا أنْ	Ya que	Bimaanna
لِأنْ	Por qué (no pronombre interrogativo)	Lianna
لَكِنَّ ن	Ma	Lakinna
لَعَلَّ ل	Quizás	La'alla
إنَّ إنْ	No traducible, se pone como énfasis al empiezo de una oración	Inna

Como habrás notado, casi todas son partículas que expresan CONJUNCIONES muy útiles y ya es hora de que puedas usarlas.

Veamos ahora juntos cómo afectan una oración nominal y una oración verbal, destacando el cambio que conllevan.

Usaremos, para ambos ejemplos, la partícula "inna"; comenzaremos con la oración nominal y luego pasaremos a la oración verbal.

Frase nominal sin "inna":

(Partícula sin traducir) El chico ed géntil
٥٥ إن الشا ب لطيف
Inna ash-shabba latifun

Frase nominal con "inna":

(partícula no traducible) El chico es géntil
٥٥ إن المُعلِّمِين يَذهَبونَ إلى المَدِينةِ
Inna al-mu'allimina yadhabuna ilā al-madinati

Frase verbal sin "inna":

(partícula no traducuble) El chico no es géntil.
۶۵ إِنَّ الْمُعَلِّمِينَ يَذْهَبُونَ إِلَى الْمَدِينَةِ
Inna al-mu'allimūna yadhabūna ilā al-madīnati

Frase verbal con "inna":

(partícula no traducible(Los profesores van a la ciudad
يَذْهَبُ الْمُعَلِّمُونَ إِلَى الْمَدِينَةِ
Yadhabu al-mu'allimuna ilā al-madīnati

18.4. Ahora práctica

Volvamos a hacer una traducción al árabe; no lo has practicado por un tiempo.

1.   Dado que los estudiantes no entendieron la lección, el profesor lo explica (´ شَرَحَ) de nuevo (مَرَّةً أُخْرى)

2.   ¡Está lloviendo (تَمْطِرُ) pero las (dos) chicas no tomaron el paraguas! (شَمْسِيَّة)

3.   No va a trabajar porque está enfermo (مَريض)

18.5. Llaves

بِما أنَّ الطُّلَّابَ ما فَهِموا الدَّرْسَ يَشْرَحُهُ 1
المُعَلِّمُ مَرَّةً أُخرى

تَمْطِرُ وَ لَكِنَّ البِنْتَينِ ما أَخَذَتَا الشَمْسِيَّةَ 2

لا يَذْهَبُ إلى العَمَلِ لِأنَّهُ مريضٌ 3

Los secretos revelados en este capítulo

. Las conjunciones analizadas hoy tienen un impacto tanto en la oración nominal como en la verbal.

. En la oración nominativa, estas conjunciones envían al sujeto en el caso acusativo, mientras que el predicado permanece en el caso nominativo.

. En la oración verbal, estas conjunciones "ordenan" que el sujeto vaya antes del verbo, ya que nunca pueden ir seguidas de un verbo o predicado.

. Si el sujeto está implicado, es necesario entender quién es la persona del sujeto y escribir, adjunta a la conjunción, la partícula relativa que realiza la función de complemento objeto / adjetivo posesivo.

19. DESCUBRE EL SECRETO MÁS INTRIGANTE DE LA LENGUA ÁRABE (Parte I)

19.1. Que son las formas y que expresan

Hoy, les digo muy sinceramente, hablaremos de mi tema favorito y tengo buenas razones para creer que también se convertirá en el suyo.

Todavía recuerdo muy bien el día en que se explicó esta lección en la universidad y la mayoría de los estudiantes la escucharon con asombro.

Seguramente, se está preguntando, ¿de qué se trató todo este desconcierto?

¿Recuerdas el concepto de los tres famosos radicales que componen prácticamente cualquier palabra en árabe?

Empecemos desde ahí de nuevo. Hoy les mostraré cómo estos radicales, una vez que han "llevado" determinadas formas / vestimentas, pueden dar lugar a una gran cantidad de verbos: estas formas tienen, de hecho, un valor verbal.

Otra característica común a todas estas formas es que tienen una o más letras en exceso; ninguno de ellos está compuesto por solo tres radicales.

19.2. Formas II, III y IV: el pasado y el presente

En este párrafo nos ocuparemos de las tres primeras formas verbales, ya que tienen en común la vocalización del presente.

Veamos, de inmediato, cómo y por qué.

SEGUNDA FORMA

Esta forma tiene **un valor "causal"**, es decir, el de "hacer que alguien haga algo". Entonces, muchas veces, es suficiente conocer el significado de los tres radicales iniciales y luego agregar el valor causal a este significado.

No entiendo, me lo dirás. Tomemos un ejemplo para aclarar.

Tomemos los tres radicales que indican el estudio: da, ra, sa. Luego agregamos el rasgo distintivo de la segunda forma, a saber, **el shadda** (el doble) en el segundo radical.
¿Resultado? Da, rra, ya sabes.

Finalmente, agregamos el valor causativo de la forma: hacer que alguien estudie algo, es decir, que enseñe.
"Darrasa" significa, de hecho, "enseñar" y más precisamente "ha enseñado" (m.).

Es posible que **haya notado que para formar el tiempo pasado, simplemente agregue un shadda en el segundo radical de la primera forma.**

"Yo enseñé", por tanto, será "darrastu"; enseñamos "darrasnā" y así sucesivamente....

El PRESENTE, en cambio, es más complicado y <u>la vocalización interna cambia totalmente</u>.

El sonido a respetar debe ser: **"damma / u"** en el prefijo que indica la persona, "fatha / a" en el primer radical, **"kasra / i"** en el segundo radical (siempre con la shadda).

La vocalización del tercer radical dependerá, en cambio, de la terminación adecuada de cada persona; si ya hay un final deja este último, de lo contrario tendrás que poner un **<u>"damma / u"</u>.**

Como es habitual, la teoría es más difícil que la práctica: mostraremos cómo **"darrasa"** debe conjugarse con el presente, respetando las reglas enumeradas anteriormente.

Verbo	Traducción	Trasliteración
أُدَرِّسُ	Enseño	Udarrisu
تُدَرِّسُ تُدَرِّسِينَ	Enseñas (m y f.)	Tudarissu Tudarrisīna
يُدَرِّسُ تُدَرِّسُ	Enseña (m e f.)	Yudarrisu tudarrisu
يُدَرِّسَانِ تُدَرِّسَانِ	Enseñan (Ustedes dos m y f.)	Yudarissāni tudarrisāni
نُدَرِّسُ	Enseñamos	nudarrisu
تُدَرِّسُونَ تُدَرِّسْنَ	Enseñáis (m e f.)	Tudarrisūna Tudarrisna
تُدَرِّسَانِ	Enseñias (vosotros dos)	tudarrisāni
يُدَرِّسُونَ يُدَرِّسْنَ	Enseñan (m y f.)	Yudarrisūna yudarrisna

213

TERCERA FORMA

La tercera forma, muy a menudo, indica **"hacer algo con alguien"**, y el **"algo"** se expresa mediante los tres radicales iniciales.

<u>El rasgo distintivo de esta forma es una diferencia entre el primer y el segundo radical.</u>

Tomemos el ejemplo de 'a, ma, la; tres radicales que indican **trabajo.**

La primera forma, formada sólo por los tres radicales indica, de hecho, "trabajar"; si añadimos *el alif* entre el primer y el segundo radical, formando así el verbo 'ā, pero, la, el verbo significará **"trabajar con alguien"** y más precisamente **"tener relaciones comerciales con alguien / comerciar con alguien".**

La parte difícil de la tercera forma, para nosotros los italianos, es entender y recordar que la preposición no debe ser explícita: ya está presente en el propio verbo.

En cuanto a la segunda forma, **el tiempo pasado no sufre ninguna modificación y será necesario,** por tanto, añadir las clásicas terminaciones, propias de esta época.

Por el momento, sin embargo, la vocalización interna cambia pero sigue el mismo "ritmo" de la segunda forma: sobre el prefijo irá una **"damma / u"**, sobre el primer radical una **"fatha / a"** y no podría ser de otra manera, dado *el alif* entre el primer y segundo radical; en el segundo radical irá un "kasra / i" y en el último irá, en cambio, el típico de cada persona o **"damma / u"**.

214

Por tanto, las únicas diferencias entre la segunda y la tercera forma son sus características distintivas.

A continuación tendrás un ejemplo del presente de la tercera forma:

Verbo	Traducción	Trasliteración
أُدَرِّسُ	Enseño	Udarrisu
تُدَرِّسُ تُدَرِّسِينَ	Enseñas (m y f.)	Tudarrisu Tudarrisina
يُدَرِّسُ تُدَرِّسُ	Enseña (m e f.)	Yudarrisu tudarrisu
يُدَرِّسَانِ تُدَرِّسَانِ	Enseñan (ellos dos m y f)	Yudarrissāni tudarrisāni
نُدَرِّسُ	Enseñamos	nudarrisu
تُدَرِّسُونَ تُدَرِّسْنَ	Enseñáis (m. y f.)	Tudarrisūna Tudarrisna
تُدَرِّسَانِ	Enseñáis (vosotros dos)	tudarrisāni
يُدَرِّسُونَ يُدَرِّسْنَ	Insegnano (m e f.)	Yudarrisūna yudarrisna

215

CUARTA FORMA

Con esta forma terminan las formas que en el presente tienen el prefijo vocalizado en "damma / u".

El valor de esta forma es idéntico al de la segunda, es decir, tiene un valor causal. A continuación, encontrarás el verbo en la segunda o cuarta forma.

En el pasado tiene dos características distintivas:

. Antes de los tres radicales tiene un "hamza" (sostenido por un alif) vocalizado con un "fatha / a".

. El primer radical tiene un "sukun".

Tomemos el ejemplo con los radicales: ṣa, la, Ha.
Son tres radicales que indican "estar en orden, en buen estado".

Añadiendo, por tanto, el valor y los rasgos distintivos de la cuarta forma, tenemos como resultado el verbo a, ṣ, la, Ha, que traducido indica "arreglar algo, reparar".

En el presente, el hamza desaparece y la vocalización interna sigue este ritmo: "damma / u" en el prefijo, "sukun" en el primer radical (como en el pasado), "kasra / i" en el segundo radical y en el tercero encontramos o "damma / u "o el final típico de cada persona.

Aquí está el ejemplo del verbo:

Verbo	Traducción	Trasliteración
أُعَامِلُ	Comercio con	U'āmilu
تُعَامِلُ تُعَامِلِينَ	Comercias con (m y f.)	tu'āmilu tu'āmilīna
يُعَامِلُ تُعَامِلُ	Comercia con (m y f.)	yu'āmilu tu'āmilu
يُعَامِلَانِ تُعَامِلَانِ	Comercian con (ellos dos m y f.)	yu'āmilāni tu'āmilāni
نُعَامِلُ	Comerciamos con	nu'āmilu
تُعَامِلُونَ تُعَامِلْنَ	Commerciáis con (m e f.)	tu'āmilūna tu'āmilna
تُعَامِلَانِ	Commerciáis con (vosotros dos)	tu'āmilāni
يُعَامِلُونَ يُعَامِلْنَ	Comercian con (m e f.)	yu'āmilūna yu'āmilna

217

19.3. ¡Vaya, quiero intentarlo!

En este ejercicio te pediré que escribas en la forma, tiempo y persona, el verbo que escribiré en la primera forma, en tercera persona del singular del tiempo pasado.

شَهَدَ poner en la tercera forma: el presente y el tiempo pasado de la primera persona del plural.

شَكَل para poner en la segunda forma: el presente ed el tiempo pasado de la tercera persona del plural masculino.

صَبَحَ para ser puesto en la cuarta forma: el presente ed el pasado de la segunda persona femenina.

19.4. Llaves

شَاهَدْنا   نُشاهِدُ

شَكَّلوا   يُشَكِّلونَ

أَصْبَحتِ   تُصْبِحينَ

Los secretos revelados en este capítulo

. Hoy viste las tres primeras formas derivadas: la segunda, la tercera y la cuarta. Cada uno tiene sus propias características distintivas.

. La segunda forma tiene el shadda en el segundo radical.

. El tercero forma el alif entre el primero y el segundo.

. La cuarta forma tiene un hamza antes de los tres radicales y un sukun en el primer radical.

. El presente es bastante similar para las tres formas derivadas: damma / u en el prefijo, fatha en el primer radical (NO en la cuarta forma), kasra en el segundo radical.

20. LOS ADJETIVOS DEMOSTRATIVOS

20.1. Hoy será suave, así que aprovechemos para estudiar algunos escritores árabes de los últimos siglos

Una de las nociones más importantes que me gustaría que conocieran sobre el idioma árabe se refiere al entorno en el que se habla; siendo el quinto idioma más hablado del mundo, los países donde se habla se pueden dividir geográficamente en cuatro grandes grupos:

. **Magreb: Marruecos, Túnez, Argelia, Libia e Mauritania;**

. **Egipto y Sudán;**

. **Países simulados: Siria, Líbano, Israel, Jordania e Palestina;**

. **Países del Golfo: Arabia Saudita, Yemen, Omán, Emiratos Árabes Unidos, Qatar, Bahrein, Kuwait e Irak.**

Para cada uno de estos grupos he elegido un autor que ha sabido condensar la historia reciente de su país y de su región en una novela, para que puedas (si quieres) hacerte una idea de la historia de cada uno de estos grupos.

Magreb: **Yasmina Khadra**

LO QUE EL DIA LE DEBE A LA NOCHE

Novela que describe la historia de Argelia desde los años 40 hasta 1962, año de la independencia. Por tanto, se abordan temas como la colonización y la guerra de independencia, pero no solo.

La novela tiene como protagonista a un niño argelino que se encuentra viviendo en un barrio multicultural y europeo de la Argelia francesa en la década de 1940, donde hará fuertes amistades y encontrará el amor. La guerra no solo trastornará los poderes sino también los sentimientos y los valores.

Egipto y Sudán: **'Ala al Aswani**

PALACIO YA'COUBIAN

Se trata de la escandalosa novela del dentista egipcio 'Ala al Aswani, en la que las vidas de los habitantes de este edificio, que realmente existe, en el centro de El Cairo se entrelazan y se cuentan.

A través de las vicisitudes de los protagonistas, tenemos una imagen de Egipto desde la década de 1950 en adelante, es decir, el Egipto posrevolucionario, dominado por los militares.
Se abordan los temas de corrupción, fundamentalismo, violencia y la condición de la mujer.

Países simulados: **Susan Abulhawa**

TODAS LAS MAÑANAS EN JENIN

Se trata de una novela que, a través de tres generaciones de una familia palestina, recorre la historia de este país desde 1948 hasta 2002. El título toma su nombre del campo de refugiados en el que la familia del protagonista (y narrador) se ve obligada a huir, tras la Ocupación israelí de la aldea donde vivió hasta ese momento.

Los temas abordados son, por tanto, los de la ocupación, la condición de la mujer y el sufrimiento de todo un pueblo, forzado al exilio.

Países del Golfo: **Abd al-Rahman Munif**

CIUDAD DE SAL

Novela compuesta por cinco tomos, en los que se narra cómo sucedieron y cuáles fueron los cambios, en los países del Golfo, debido al descubrimiento de petróleo. El autor no especifica el nombre del país donde se desarrolla la novela. El descubrimiento del petróleo provoca transformaciones no solo a nivel tecnológico sino también a nivel cultural.

20.2. ¿Qué son los adjetivos demostrativos?

Como en italiano, los adjetivos demostrativos se utilizan para indicar un objeto o una persona, cerca o lejos.

Como todos los adjetivos, estos deben estar de acuerdo en género y número con el objeto / persona al que se refieren y, en ocasiones, también en el caso.

Recuerde que el plural de objetos no animados debe asignarse al género femenino.

Echemos un vistazo a los diversos adjetivos demostrativos y luego hablemos mejor de ellos; para facilitar la memorización los dividiremos en masculino y femenino.

Adjetivos demostrativos masculinos

Adjetivo demonstrativo	Traducción	Trasliteración
هذا	Esto	hādhā
هذان هذَين	Estos dos (caso nom. y acc/ oblicuo)	Hādhāni Hādhaini
هؤلاء	Estos	Hāʾulāʾi

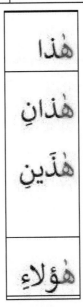

Trad. *Esto, esta, estos, estas*

Adjetivos demostrativos femeninos

Adjetivo demostrativo	Traducción	Trasliteración
هذو	Esta	hādhihi
هتان هتين	Estas dos (caso nom. y acc/ oblicuo)	Hātāni Hātaïni
هؤلاء	Estas	Hāʾulaʾi

Eso, esa, esos, esas

N.B. Como habrás notado, la inicial "ha" de todos estos adjetivos tiene un pequeño guión encima: no es un fatha sino un alif, por lo tanto, como tal, debe pronunciarse como tal.

Verá este tipo de escritura alif solo para adjetivos demostrativos y en algunos sustantivos, el más famoso de los cuales es **Allāh**, o "Dios" en árabe:

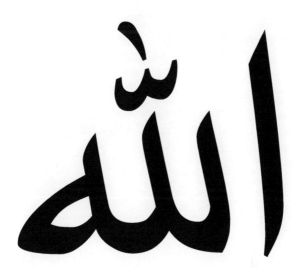

20.3. ¿Cómo se utilizan? Sus particularidades

Las reglas para usar este tipo de adjetivos son bastante simples. Una vez que los haya memorizado (y esa es la parte más difícil), solo tiene que recordar tres conceptos:

. Para que los sustantivos a los que se refieren cumplan su función como adjetivos, siempre deben tener el artículo.

. Estos adjetivos tienen una posición un tanto particular en la oración cuando se refieren a uno de los elementos del estado de construcción: si se refieren al primer término, van DESPUÉS de todo el estado de construcción; si se refieren al segundo término del estado de construcción, van antes del segundo término. Por tanto, en este caso, pueden "romper" el estado de construcción.

. Se declina el dual de estos adjetivos. Por tanto, tendrás que entender el rol, es decir, cuál es la función del sustantivo al que se refieren.

Unos pocos ejemplos bastarán para aclarar los conceptos:

Este libro es bueno

Este libro es bueno
هذا الكِتابُ جميلٌ
Hādhā al-kitābu gamīlun

Mas grande:

هٰذا الكِتابُ جميلٌ

El libro de estos dos chicos es bueno.

El libro de estos dos chicos es bueno
كِتابُ هٰذَين ٥٥ الش° ابين جميلٌ
Kitābu hādhaīni ash-shābbaīni gamīlun

Mas grande:

كِتابُ هٰذَين الشَّابَّين جميلٌ

20.4. ¡Nada difícil, solo un poco de práctica!

En este ejercicio te pediré que llenes los espacios con el adjetivo demostrativo apropiado.

También intente vocalizar las oraciones; ha llegado el momento de que aprendas a leer sin vocalizar.

1 .شرحت ... المعلمات نص ... الكاتب

نَصّ texto

2 ذهبت إلى حفلة ... البنت الأسبوع الماضي مع صديقتي

أُسْبوع ماضي   حَفْلَة fiesta

3 ... الشابانِ لَطيفانِ

4 درسنا أنا و أختي ... الكتب معاً

معاً jumtos

20.5. Llaves

1 شَرَحَتْ هٰؤُلاءِ المُعَلِّماتُ نَصَّ هٰذا الكاتِبِ

2 ذَهَبْتُ إلى حَفْلةِ هٰذِهِ البِنتِ الأسْبوعَ الماضي مَعَ صديقتي

3 هٰذانِ الشابّانِ لَطيفانِ

4 دَرَسْنا أنا و أختي هٰذِهِ الكُتُبَ مَعاً

Traducción:

1.   Estos profesores explicaron el texto de este autor.

2.   Fui a la fiesta de esta chica la semana pasada con mi amiga.

3.   Estos dos chicos son agradables.

4.   Mi hermana y yo estudiamos estos libros juntos.

Los secretos revelados en este capítulo

. Los adjetivos demostrativos son generalmente invariables; solo el dual cambia según el caso.

. Cuando se hace referencia a uno de los dos términos del estado de construcción, se debe tener cuidado: si se refieren al primero, van al final del estado de construcción; si se refieren al segundo, se encuentran entre los dos términos.

. Para escribirlos correctamente, tenga cuidado de recordar el pequeño "alif" colocado sobre la inicial "ha".

21. EL SUBJUNTIVO

21.1. Entrenamiento general

Antes de ir a ver cuándo y cómo se usa el subjuntivo, nos centraremos en su formación, ya que es bastante particular.

Partimos del presente y ocurren los siguientes cambios:

. Para todas las personas cuyo final termina con un "nūn", se cae.

. Para los plurales masculinos (tú y ellos m.), Más allá de la caída del "nūn", se agrega un alif después del "wau" que queda. El "alif" NO debe pronunciarse.

. Para todas las demás personas, es decir, aquellas que terminan con una "damma" en la última consonante, la "damma" se convierte en "fatha".

Encontrará que las únicas personas que no experimentan cambios son las personas del plural femenino (usted y ellos f.).

Estas reglas se aplican a todas las formas, incluso las derivadas.

Y ahora demostraremos esto conjugando el verbo de

segunda forma دَرَّسَ que es enseñar.

Verbo	Trasliteración
أُدَرِّسَ	udarrisa
تُدَرِّسِي تُدَرِّسَ	tudarrissa tudarrisī
يُدَرِّسَ تُدَرِّسَ	yudarrisa tudarrisa
يُدَرِّسا تُدَرِّسا	yudarissā tudarrisā
نُدَرِّسَ	nudarrisa
تُدَرِّسُوا تُدَرِّسْنَ	tudarrisū tudarrisna
تُدَرِّسا	tudarrisā
يُدَرِّسُوا يُدَرِّسْنَ	yudarrisū yudarrisna

21.2. USO

Te preguntas, ¿cómo es esto posible? La traducción de este modo depende, de hecho, de la partícula que precede al verbo.

Dependiendo de la partícula, el verbo puede expresar un infinitivo, un subjuntivo o la negación del futuro..

Las tres partículas son:

21.2.1. Propuesta final

ﻟِ que se traduce como **"para"**, introduce una preposición final, que expresa por qué y por qué.

En este caso, traduciríamos el llamado subjuntivo con un verbo en infinitivo.

Recordemos que esta partícula, formada por una sola letra, debe escribirse adjunta a lo que sigue, ya sea sustantivo o verbo.

Ej: voy a la biblioteca a estudiar

Vaya a la biblioteca para estudiar
أَذْهَبُ إِلَى الْمَكْتَبَةِ وَ لِأَدْرُسَ
Adhhabu ila l maktabati li adrusa

Mas grande:

أَذْهَبُ إِلَى الْمَكْتَبَةِ لِأَدْرُسَ

238

21.2.2. Negación del futuro

لَنْ sirve para introducir la negación del futuro.
Por tanto, corresponde a un "no" seguido de un verbo en el futuro.

Ej: Mañana (غدا)

Claudia no se irá al mar (بَحْر)

Mañana Claudia no irá al mar.
غَدَاً لَنْ تَذْهَبَ كلاوديا إلى البَحْر
Ghadan lan tadhhaba Claudia ilā l baHri

Mas grande:

غَداً لَنْ تَذْهَبَ كلاوديا إلى البَحْرِ

21.2.3. El Subjuntivo

أَنْ es la única partícula que justifica por qué llamamos este modo "subjuntivo", también en italiano.

Cuando el subjuntivo está precedido por esta partícula, el siguiente verbo de hecho se puede traducir por:

. Un subjuntivo;

. Una oración introducida por "di" más un infinitivo;

. Directamente desde el infinito, sin ninguna preposición al frente.

Tenga en cuenta que en árabe solo hay un tipo de subjuntivo, pasado y presente.

Por tanto, la elección del tiempo verbal dependerá de los demás verbos de la oración.

También generalmente sigue las mismas reglas que sigue el subjuntivo en italiano, es decir, debe ir precedido de ciertos verbos, como los verbos que indican un sentimiento, una voluntad, una decisión.

Poco a poco, verás lo sencillo que es usarlo y aprenderás la lista de los verbos más comunes.

Ej: quiero (quiero: رغب) escuchar (سمع)

algo de música (iluminado: música) (موسقى)

Quiero escuchar algo de música.

أَرْغَبُ أَنْ أَسْمَعَ الموسيقى

Arghabu an asma'a al mūsiqa

Mas grande:

أَرْغَبُ أَنْ أَسْمَعَ الموسِيقى

Para concluir, en general, hay que prestar MUCHA atención a un aspecto: este modo debe estar siempre y en todo caso conjugado de acuerdo con la persona y en el llamado "subjuntivo", independientemente del tiempo del verbo que lo precede.

Incluso cuando te encuentres frente a un infinitivo en italiano, pregúntate siempre cuál es el sujeto de la oración.

21.3. Práctica

En este ejercicio, deberá traducir del español al árabe.

Es el ejercicio más difícil, ¡pero también el más útil para entender dónde está más mal!

1.   Mi hermana no saldrá esta noche porque prefiere

estudiar (tarde: مساء) (preferir: فَضَّل)

2.   Su amigo decidió ir a la playa con su perro.

(decidir: قَرَّرَ)

3. Tomó la escalera para subir al techo
(escalera: سُلَّم) (subida: صَعِدَ) (techo: سَقَف)

21.4. Soluciones

١ هٰذا المساءَ لَنْ تَخْرُجَ أختى لِأَنَّها تُفَضِّلُ أنْ تَدْرُسَ

٢ قَرَّرَ صديقُهُ أنْ يَذْهَبَ إلى البَحْرِ مَعَ كَلْبِهِ

٣ آخَذَ السَّلَامَ لِيَصْعَدَ الى السَّقَفِ

Los secretos revelados en este capítulo

. La formación del llamado Subjuntivo es bastante particular y requiere, a excepción de los plurales femeninos, la caída de una letra o el cambio de la última vocal. Si no recuerda cuáles, ¡vaya a comprobarlo!

. De esta manera es posible expresar: el subjuntivo, el futuro negativo y una oración final. Simplemente agregue una partícula delante del verbo conjugado al llamado subjuntivo.

. En árabe no hay subjuntivo pasado y presente; es único y sirve para traducir ambos tiempos, que se decidirán gracias al contexto.

22. DESCUBRE EL SECRETO MÁS INTRIGANTE DE LA LENGUA ÁRABE (Parte II)

Laura acaba de regresar de su viaje a Oriente Medio y decide invitar a algunos de sus amigos y cocinar sus platos.
favoritos:

م: ما هذه الرائحة اللّذيذة؟

ل: هذه الرائحة رائحة البقدونس! أحضر التبولة لهذا المساء. التبولة سلطة لبنانية مصنوعة بالبرغل و البقدونس و مكونات اخرى

م: بحبوب الحمص أيضا؟ أ لييست هذه البقوليات حبوب الحمص؟

ل:صحيح. لكن ليس هذا الطبق التقليدي لهذا المساء

م: تماما, لكنني ما أكلته ابدا. سأساعدك

ل: ممتاز! شكرا

م: عفوا. هل نطبخ كعكة؟

ل: ليس لنا الوقت لنطبخها للأسف

م: المرة القادمة إن شاء الله

Transliteración, traducción y nuevas palabras:

M: mā hādhihi rrā 'īHatu lladhidhatu?

L: hādhihi rrā 'īHatu rā' īHatu l baqdūnisi. uHaDDiru ttbūlalata li hādhā l masa'i. at-ttbūlalatu salaṭatun lubnaniyyatun maṣnū'atun bi l burghuli wa l baqdūnisi wa mukawwinātin ukhrā

M: bi l Hubūbi al Hummuṣi aīDan? Laysat hādhihi l buqūliyyātun Hubūba l Hummuṣi

L: saHīHun. Lakin laysa hādhā t-ṭabaqu t-taqlidyyu li hādhā l masa'i

M: tamaman, lakinnnani pero akaltuhu abadan. ¡Sa'usa'iduki!

L: ¡mumutāzun! Shukran

M: 'afwan. Hal naṭbukhu ka'katan?

L: laysa lanā l waqtu li naṭbukhaha lil asafi

M: al marratu l qādimatu in sha 'Allah

رائحة	Olor	بقوليات	Legumbres
بقدونس	Perejil	تماماً	Vale
حضّر	Preparar (II)	ابداً	Nunca(frase negat.)
مكونات	Ingredientes	ممتاز	Perfecto
حبوب	semilla	للأسف	Afortunadamente

M: ¿Qué es este buen perfume?

L: ¡este olor es perejil! ¡Preparo la tabla para esta noche! Es una ensalada libanesa con bulgur, perejil y más

M: ¿también con garbanzos? ¿No son garbanzos esas legumbres?

L: sí, pero este plato tradicional no es para esta noche.

M: esta bien! ¡Pero nunca lo he comido! ¡Yo te ayudare! (Te ayudaré)

L: perfecto gracias

M: ¡por favor! ¿Pero también cocinamos un postre?

L: ¡Desafortunadamente no tenemos tiempo para prepararlo hoy!

M: (será) para la próxima vez.

22.1. Forma V, VI

Hoy continuaremos descubriendo otras dos formas (en total son diez, de las cuales solo una no será examinada).
Elegimos estas dos formas porque son muy similares en su construcción y su valor.

VALOR

Ambas formas en italiano se etiquetan como "**reflexivas**". La forma V suele ser la forma reflexiva de la II, mientras que la VI es la forma reflexiva de la III, pero también puede indicar "reciprocidad" de la acción expresada por el verbo de la forma I o III.

CONSTRUCCIÓN DEL PASADO

Para ambos, basta con poner una "**ta**" delante de las respectivas formas "**no reflexivas**", es decir, II y III. En cuanto a los finales, sin embargo, nada cambia.

CONSTRUCCIÓN DEL PRESENTE

Ambos siguen un modelo en **fatha / a**; todas las letras, incluidos los prefijos, se vocalizan, de hecho, con esta vocal.
No vocalices con el fatha / a, sin embargo, el último radical, porque el **damma / u**, en ese caso, es el símbolo del presente "indicativo". Si pones un fatha / a, obtienes el subjuntivo. Además, la "**ta**", símbolo del pasado, que también tomará un fatha / a, no cae.

Ahora echemos un vistazo más de cerca a ellos por separado.

FORMA V

Daremos el ejemplo con el verbo ya encontrado durante los ejercicios " شَكَّلَ " que es formar.

Agregar una "ta" delante del verbo da el verbo reflexivo "Formar", es decir, " تَشَكَّلَ ".

Al pasado esta adición no cambia nada en la construcción.

En el presente en cambio, la vocalización interna cambia nuevamente.

Recuerda que la **"ta"**, característica de la forma V (pero también de la VI), no cae.

Entonces, simplemente agregue los prefijos habituales al frente y las terminaciones al final, vocalice con la **fatha / a**, y eso es todo.

Verbo
أَتَشَكَّلُ
تَتَشَكَّلُ   تَتَشَكَّلِينَ
يَتَشَكَّلُ   تَتَشَكَّلُ
يَتَشَكَّلَانِ   تَتَشَكَّلَانِ
نَتَشَكَّلُ
تَتَشَكَّلُونَ   تَتَشَكَّلْنَ
تَتَشَكَّلَانِ
يَتَشَكَّلُونَ   يَتَشَكَّلْنَ

250

Traducción	Trasliteración
Me traino	Atashakkalu
Te trainas (m e f.)	Tatashakkalu ta-tashakkalīna
Se traina (m e f.)	Yatashakkalu Tatashakkalu
Ellos se trainan (ellos dos m y f.)	Yatashakkalāni tatashakkalāni
Nos traimos	natashakkalu
Os traináis (m y f.)	tatashakkalūna tatashakkalna
Os traináis (Ustedes dos)	tatashakkalāni
Se trainan (m e f.)	yatashakkalūna yatashakkalna

VI FORMA

Para dar el ejemplo de la conjugación de la forma presente de VI, usaremos la forma VI del verbo "فَهِمَ" que es "**comprender**".

En este caso, de hecho, la forma VI **indica reciprocidad** y su significado "original" se encuentra en la forma I, no en la III.

Sin embargo, es importante partir del tercero para la construcción, porque a esto basta con agregar una "ta" al frente y tendrás el tiempo pasado "تَفاهَمَ", es decir, "**entenderse**".

De momento bastará, por tanto, con añadir prefijos, terminaciones y vocalizar todo con la **fatha / a**.

Verbo
أَتَفَاهَمُ
تَتَفَاهَمُ تَتَفَاهَمِينَ
يَتَفَاهَمُ تَتَفَاهَمُ
يَتَفَاهَمَانِ تَتَفَاهَمَانِ
نَتَفَاهَمُ
تَتَفَاهَمُونَ تَتَفَاهَمْنَ
تَتَفَاهَمَانِ
يَتَفَاهَمُونَ يَتَفَاهَمْنَ

253

Traducción	Trasliteración
	atafāhamu
(m y f.)	tatafāhamu ta-tafāhamīna
(m y f.)	yatafāhamu ta-tafāhamu
Se comprienden (Ellos dos m y f.)	yatafāhamāni ta-tafāhamāni
Nos com-prendimos	natafāhamu
Os comprendéis (m y f.)	tatafāhamūna ta-tafāhamna
Os compren-déis (vosotros dos)	tatafāhamāni
Se comprien-den (m e f.)	yatafāhamūna yatafāhamna

22.2. Y ahora práctica

En este ejercicio, te pediré que identifiques la forma, la **persona y el tiempo** del verbo conjugado que te escribiré a continuación. También necesitarás vocalizarlo.

Puedes tomar el vocabulario y, sugiero, un poco de paciencia también.

1	نساعد	5	أسجل
2	مارست	6	أخدتم
3	تتكلم	7	تصدرين
4	تركوا	8	أخطر

22.3. Llaves

Resolveremos el primero juntos y luego tú mismo harás el resto.

En primer lugar, debe identificar los tres radicales.

Pero son cinco letras: ¿recuerdas la famosa frase que te dije?

Aquí, intenta aplicarlo: aquí tienes sa, 'ae la da.

¿Y los dos que quedan? El alif, entre el primero y el segundo radical, básicamente, ¿qué es? ¡El símbolo de la tercera forma!

Y el nūn inicial, ¿cuál es el símbolo? ¡Es el prefijo de la primera persona del plural presente!

Por tanto, la solución es **"nusā'idu"**.

Les recuerdo que **a veces es necesario hacer más de un intento para comprender cuáles son los radicales y cuáles son las letras extra** (prefijos, terminaciones o letras características de una forma).

Finalmente, **en caso de que existan formas sordas que sean iguales, solo el contexto puede ayudar.**

1	نُساعِدُ	5	أَسَجِّلُ
2	مارَسْتُ	6	أَخَذْتُمْ
3	تَتَكَلَّمَ	7	تُصَدِّرين
4	تَرَكُوا	8	أَخْطَرَ

Los secretos revelados en este capítulo

. Por lo general, las formas V y VI son las formas reflexivas de las formas II y III, respectivamente.

. El VI también tiene el valor de la reciprocidad.

. Para ambos, simplemente agregue una "ta" delante de los formularios II y III.

. La vocalización interna del presente es toda en fatha y se mantiene la ta, símbolo de estas formas.

23. EL IMPERATIVO (Parte 1: Formulario I - VI)

Incluso hoy abordaremos un tema bastante espinoso. La formación del imperativo es un poco complicada y al principio hay que tener cuidado de respetar los distintos pasos que se deben dar para formarlo.

Mire el lado positivo: ¡está haciendo un gran progreso en el idioma! Entonces, yalla, no tengas miedo y concéntrate un poco.

23.1. ¿Cómo se forma? ¡ten cuidado!

Comenzaremos con una pequeña presentación del imperativo y las reglas que se siguen en general para formarlo. Luego pasaremos a ejemplos y reglas más específicos, para cada forma.

Reglas generales:

. Para formar el imperativo partimos, por conveniencia, del subjuntivo: respetamos casi todos los cambios que conlleva, es decir, la caída del nūn y la adición de alifs para las personas del plural masculino.
Pero cambiemos un aspecto: la última vocal no se vocaliza en fatha sino con un sukun.

. Una vez que hemos realizado estos cambios, eliminamos el prefijo.

. Después de aplicar la primera y segunda reglas, echemos un vistazo a la primera letra del verbo: ¿está vocalizada o no? Si se vocaliza, no agregamos nada; si no es así, se debe agregar una hamza vocalizada de acuerdo con la forma en lugar del prefijo caído.

Ahora aplicaremos estas reglas con todas las formas analizadas hasta ahora.

I FORMA

Tomemos como ejemplo el verbo "salir".

. **Primer paso**: lo combinamos con la segunda persona del singular masculino y el último radical lo vocalizamos con un

sukun:

. **Segundo paso**: soltamos el prefijo: خْرُجْ

. **Tercer paso**: ¿se vocaliza la primera raíz, *kha*? No.

Luego, y esta es una regla específica para la primera forma, agregamos una *hamza* (apoyada por una *alif*) cuya vocal es aquella con la que se vocaliza la segunda raíz, la *damma* / *u* en

este caso. Entonces tendremos: أُخْرُجْ

259

FORMAS II, III, V y VI

Los examinamos juntos, ya que para todos nos detenemos en el segundo paso.

. **Primer paso:** conjugamos estos verbos a la segunda persona y respetamos la primera regla.

Forma		Persona
II	تُشَكِّلْ	2°m.s.
III	تُساعِدي	2°f.s.
V	تَتَشَكَّلوا	2° m.pl.
VI	تَتافَهَما	duale masc.

. **Segundo paso**: borra el prefijo de cada persona.

Forma		Persona
II	شَكِّلْ	2°m.s.
III	ساعِدي	2°f.s.
V	تَشَكُّلوا	2° m.pl.
VI	تافَهَما	duale masc.

. **Tercer paso**: analicemos el primer radical que encontramos. ¿Está vocalizado? Si, siempre.

Entonces, no tenemos que agregar nada.

¡Con solo dos pasos has formado el imperativo!

IV FORMA

. **Primer paso**: conjugamos el verbo a la segunda persona con las correcciones necesarias.

. **Segundo paso**: soltamos el prefijo.

. **Tercer paso**: nos damos cuenta de que la primera letra no está vocalizada. Solo para la cuarta forma siempre pondremos una *hamza* vocalizada en *fatha* / *a* en lugar del prefijo.

Tercer paso	Segundo paso	Primer paso
أَصْلِحْ	صْلِحْ	تُصْلِحْ

23.2. ¡Vamos a practicar!

En este ejercicio, les pediré que llena esta tabla de imperativos. Una vez que entiendas el verbo inicial, esa es su forma, te pido que completes el resto de las personas en imperativo.

2° per. m.s.	2° per.f. s.	2° per.m. pl.	duale mas.
	اُدْرُسِي		
	دَرِّسِي		
		إِذْهَبوا	
مارِسْ			
			تَعَلَّما
أُخْرِجْ			

23.3. Llaves

La primera línea es un verbo de primera forma; el segundo
es uno del segundo; el tercero, otro verbo de la primera
forma; el cuarto es un verbo de tercera forma; el quinto del
quinto y el sexto del cuarto.

Si no encontró la forma, vuelva a hacer el ejercicio antes de
continuar.

2° per. m.s.	2° per.f. s.	2° per.m. pl.	duale mas.
أُدْرُسْ	أُدْرُسِي	أُدْرُسوا	أُدْرُسا
دَرِّسْ	دَرِّسِي	دَرِّسوا	دَرِّسا
إِذْهَبْ	إِذْهَبِي	إِذْهَبوا	إِذْهَبا
مارِسْ	مارِسِي	مارِسوا	مارِسا
تَعَلَّمْ	تَعَلَّمي	تَعَلَّموا	تَعَلَّما
أَخْرِجْ	أَخْرِجِي	أَخْرِجوا	أَخْرِجا

Los secretos revelados en este capítulo

. En este capítulo hemos analizado cuáles son los tres pasos que se deben dar para formar el imperativo.

. Hay reglas generales y reglas específicas, la más importante de las cuales es: <u>la primera letra del imperativo nunca puede quedar sin voz.</u>

24. ¡APRENDA A CONSTRUIR UNA FRASE RELATIVA Y HAGA SU DISCURSO MÁS FLUIDO!

24.1. Pronombres relativos

Hoy trataremos un tema algo complejo pero sin duda muy útil, ya que los pronombres relativos te ayudarán a formar una oración más completa y fluida.

Entonces, comencemos con su presentación y luego, ¡agárrate fuerte!

Pronombres relativos masculinos

Pronombre relativo	Traducción	Trasliteración
الّ ذي	Quien, el cual	alladhī
الّ ذانِ الّ ذيَنِ	Quien, los cuales (ellos dos : caso nom. y acc/ obliquo)	Alladhāni alladhaīni
الّ ذيَنَ	Que, los cuales	alladhīna

Pronombres relativos femeninos

الَّتي
اللَّتانِ
اللَّتَينِ
اللَّواتي

24.3. Construcción de una oración relativa

Como habrás notado, **el pronombre relativo en árabe debe asignarse en género y número a su antecedente.**

En cuanto al **dual**, también hay que prestar atención al caso en el que se encuentra el antecedente, antes de realizar el acuerdo.

La construcción de una oración relativa, por otro lado, depende de la función que realiza el pronombre en la oración relativa., que conecta dos frases, la principal y la relativa, que tienen un objeto o persona en común.

Ej: El chico está fuera. El chico es amable.

Usando, por tanto, el Pronombre Relativo es posible combinar las dos oraciones, que tienen en común "el niño".

Ej: El chico que salió es agradable.

Dependiendo de su función del pronombre es la de sujeto, complemento de objeto o sustitución de un caso oblicuo, existen tres construcciones diferentes en árabe.

Ahora vamos a analizar las tres construcciones diferentes.

. Pronombre de sujeto relativo

En el ejemplo anterior, el pronombre relativo es el sujeto de la oración relativa "que ha salido".

La construcción es muy sencilla, ya que es la misma que la italiana:

El chico que saliá es géntil.

الشَّابُّ الَّذِي خَرَجَ لَطِيفٌ

Ash-shabbu alladhī kharaga laṭifun

. Complemento objeto de pronombre relativo

Cuando el pronombre es, por otro lado, el objeto Objeto en la oración relativa, a diferencia del italiano, en árabe la partícula que expresa el adjetivo posesivo (y otros) debe estar unida al verbo de la oración relativa, según el género y el número. dell'antecedente.

Es: *El capítulo(*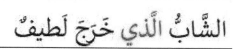*) que estudié ayer es difícil.*

Al-faṣlu alladhī darastuhu amsa ṣaʿbun

. Caso oblicuo de pronombre relativo

Cuando el pronombre es un caso oblicuo en la oración relativa, a diferencia del italiano, en árabe la preposición se coloca DESPUÉS del verbo de la oración relativa, no antes.

Además, a la preposición se le añade la partícula que expresa el adjetivo posesivo, según el género y número del antecedente.

Ej: Tu amigo, con quien salí ayer, es simpático.

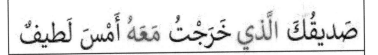

صَدِيقُكَ الَّذِي خَرَجْتُ مَعَهُ أَمْسَ لَطِيفٌ

ṣadīquka alladhī kharagtu ma'ahu amsa laṭifun

24,4. ¿Difícil? No, si practicas

1 أدرس الدرس الذي شرحته المعلمة أمس

2كتب الشباب الذين تكلمتم معهم كتابا عن الحرب في سوريا

3هل أخذت المفتاح الذي تركته على الطولة ؟

4البنت التي قابلناها أنا و أختي بنت جارنا

24.5 Llaves

1أَدْرُسُ الدَّرْسَ الَّذي شَرَحَتْهُ المُعَلِّمةُ أَمْسَ

2كَتَبَ الشَّبابُ الذينَ تَكَلَّمْتُمْ مَعَهُم كِتاباً عَنْ الحَرْبِ
في سوريا

3هَلْ اَخَذْتَ المِفْتاحَ الَّذي تَرَكْتُهُ على الطَّوْلةِ ؟

4البِنْتُ التي قابَلْناها أنا و أُختي بِنْتُ جارِنا

Traducción:

1. Estudio la lección que me explicó ayer la maestra.
2. Los chicos con los que hablaste escribieron un libro sobre la guerra en Siria.
3. ¿Recibiste la llave que dejé en la mesa?
4. La chica que conocimos mi hermana y yo es la hija de nuestro vecino.

Los secretos revelados en este capítulo

. Los pronombres relativos deben asignarse en género y número al antecedente al que se refieren. El dual también debe acordarse en el caso.

. La construcción de una oración relativa depende de la función del pronombre en la oración relativa: sujeto, compl. objeto o compl. oblicuo.

25. AVERIGAMOS CÓMO SE NEGA EL IMPERA-
TIVO Y ...

Flavio entra en una mezquita con su amigo Karim y no hace más que hacer observaciones y preguntas:

إف: ما هذا البرج؟ يشبه برج الكنيسة

ك: هذا البرج المنارة و هي المكان الذي يتكلم المؤذن منه ليخبر المسلمين بأن ساعة الصلاة وصلت. إخلع الحضاء لتدخل غرفة الصلاة

ف: بالتأكيد. ما هذا النتوء؟

ك: اسم هذا النتوء "محراب" و هو متَّجه إلى مكَّة. يسجد المسلمون إلى نفس الاتِّجاه في الصلاة

ف: أفهم... و هل هذا المكان مكان الإمام؟ و اسمه منبار؟

ك: صحيح! فتعرف بعض الأشياء! هل تعلم معنى هذه الكتابة؟

ف. لا

ك: إنها ايات القران. في المسجد ايات القران و الفسيفساء مسموحان و رسم اي إنسان ممنوع

ف: حقا؟ إنها جميلة جدا

275

Transliteración, traducción y nuevas palabras:

F: ma hādhā l burgu? Yushbihu burga l kanīsati

K: hādhā l burgu l manāratu wa hiya l makānu alladhī yatakallamu l mu'addhinu minhu lyukhbira l muslimīna bianna sā'atu ṣṣalāti waṣalat. Ikhla 'al Hida'a li tadkhula ghurfata ṣṣalāti.

F: bi tta'kīdi. ¿Pero hādhā nnutū'u?

K: ismu hādhā nnutū'i "miHrābun" wa huwa muttagihun ilā Mekka. Yasgidu l muslimūna ilayhi fi ṣṣalāti.

F: afhamu... wa hal hādhā l makānu makānu l imāmi? wa Ismuhu minbarun?

K: saHīhun. ¡Fata'rifu ba'da l ashia'i! hal ta'lamu ma'nā hādhihi l kitābati?

F: ahí ...

K: innahā āyātu l qurāni. Fi l masgidi āyātu l qurāni wa l fisayfisa'u masmūHāni wa rasmu l insani mamnū'un.

F: ¿Haqqan? innahā gamīla giddan!

C: ¿Qué es esa torre? ¡Parece un campanario!

K: es un minarete, ese es el punto desde el cual el muecín habla para advertir a los musulmanes que ha llegado la hora de la oración.

Quítese los zapatos para entrar a la sala de oración.

C: seguro. ¿Y cuál es ese nicho?

K: Este nicho se llama "miHrab" y está orientado hacia La Meca. Los musulmanes se postran en esa dirección durante la oración.

C: Entiendo ... ¿y este lugar es el lugar del imán? ¿Y se llama "minbar"?

K: sí, bien. ¡Entonces sabes algunas cosas! ¿Sabes lo que está escrito en la pared?

C: no ...

276

K: son versos del Corán. ¡Solo se permiten mosaicos y versos del Corán, ya que las representaciones del hombre están prohibidas en las mezquitas!

C: ¿de verdad? ¡Creo que es muy hermosa de todos modos!

بُرُوج	Torre	مَكَّة	Meca
كَنِيسَة	Iglesia	مَكَان	Sitio
أَشْبَهَ	Parecer a (IV)	أَيَة	Versículo
أَخْنَرَهُ	Advertir (IV)	قُرْآن	Corano
خَلَعَ	Quitarse	فُسَيْفِسَاء	Mosaico
بِالتَّأْكِيد	Cierto	مَسْمُوح	Permetido
نُتُوء	Nicho	مَمْنُوع	Prohibido
مُتَّجِه	Orientado	حَقّ أ	Verdad?

277

25.2. El Imperativo Negativo. La Negación del Pasado y el Exortativo

La forma que elegí de presentarlos todos juntos te sorprenderá, pero, de hecho la explicación es muy simple: **todos lo tres se forman a la misma manera, es decir a travès del Condicional Juxivo.**

Esa manera te será familiar, porque es la misma que se usa para formar el imperativo.

Port lo tanto, si te acuerdas bien, todas los *no* finales de todas las personas tienen que ser borradas, para todas la personas, excepto para las formas del plural feminimo y añadir para los masculinos plurales una *alif*.

A las demás personas hay que añadir un *sukun* a la última radical.

25.2.1. El imperativo negativo

Para formarlo, hay que añadir delante del condicional-iuxivo
lā, la partícula que se usa para negar el presente.

Te irás asometiendo al no confundir las dos manera gracias
al contexto, tranquilo.

¡No corréis!
لا تَرْكُضُوا !
Lā tarkuḌū!

Correr: 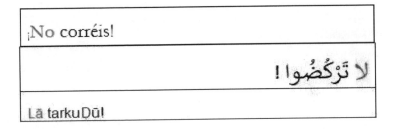 رَكَضَ

25.2.2. Negación del pasado

Existe una segunda manera para negar el pasado, además a lo que ya has encontrado con la partícula *mas* y el pasado.
La única diferencia entre las dos maneras es que esa segunda manera. muy elehgantw, se encuentra casi exclusivamente en el texto escrito,

Esa segunda manera se construye con la partícula *lam* y el Condicional Juxivo.

Cuidado, porque aunque *parece* un presente en realidad es un poasado,

Ej. *No fue al cine ayer.*

No fue al cine ayer.
لَمْ تَذْهَبْ إِلَى السِّينَما* أَمْسَ
Lam tadhhab ilā as-sīnama* amsa

Puede que hayas notado que si la última letra es una vocal larga, el caso no está escrito, ya que prevalece la vocal larga. A menudo sucede cuando las palabras son de origen extranjero.

25.2.3. Exhortatorio

Este modo sirve para llenar el "vacío" dejado por el imperativo.

Con el imperativo no es posible, de hecho, dar órdenes a terceras personas o, de hecho, exhortar a la primera del plural.

Para estas personas es necesario utilizar el Exhortativo, compuesto por li más el Condicional Jussive.

En italiano se traducirá con *"che + subjuntivo" o "su / dai + verbo conjugado en presente"*.

Recuerda que este li debe escribirse adjunto al verbo, ya que no se puede aislar.

Recordarás que colocarlos delante del subjuntivo sirve, en cambio, para formar una oración final; por lo tanto, ¡ten cuidado!

Ej: ¡Vamos, a estudiar!

Vamos, a estudiar!
لِنَدْرُسْ
Linadrus!

25.3. Ejercicios

Complete los espacios de este diálogo entre una madre y su hija, con las palabras y partículas que se enumeran a continuación; vocaliza con la ayuda del vocabulario y traduce.

ـ ها ـ قابلنا ـ حضري اذهبي ـ أذهب ـ لم ـ هذه ل

الأم : كلاوديا ! أخرجي من ... الغرفة و... إلى المدرسة!

البنت : لا أرغب أن ... إلي ... لأن الطلاب خبثٌ معي

الأم : أعرف . لكن أنا و والدك ... معلمتك و شرحنا ... ها الوضع . ستتكلم مع والدِي الطلاب و سيتحسن الوضع

البنب : ... أكتب واجبات اليوم

الأم : أفهم. سأكتبه في مفكرتك. ... شنطتك و أركضي!

البنت : نعم! مع السلامة!

282

Un poco de léxico:

خُبْث
وَالِد
وَضْع
مُفَكِّرَة

Malos
Padre
Situación
Diario

283

25.4. Llaves

الأم : كلاوديا ! أُخْرُجي مِن هٰذِهِ الغُرْفةِ و ِاذْهَبي إلى المَدْرَسةِ !

البنت : لا أرْغَبُ أن أَذْهَبَ إليها لأنَّ الطّلابَ خُبْثٌ معي

الأم : أعرِفُ . لكنَّ أنا و والدَكِ قابَلْنا مُعَلِّمَتكِ و شَرَحْنا لها الوَضْع . سَنَتكلّمُ مع والدي الطّلابِ و سَيَتَحَسَّنُ الوَضْعُ

البنب : لِمْ أكْتُبُ واجِباتِ اليومِ

الأم : أفْهَمُ. سَأكْتُبُهُ في مُفكِّرَتِكِ. حَضِّري شَنْطَتَكِ و أركُضي!

البنت : نَعَم! مَع السّلامة!

Traducción:

La madre: ¡Claudia! ¡Sal de esta habitación y ve a la escuela!

La hija: No quiero ir allí porque los estudiantes son malos conmigo.

Mamá: lo sé. Pero tu padre y yo hablamos con tu maestra y le explicamos la situación. Hablará con los padres de los estudiantes y la situación mejorará.

La hija: No he hecho (encendido: escrito) mi tarea hoy.

Mom: Entiendo. Lo escribiré en tu diario. ¡Prepara tu bolso y corre!

La hija: ¡Sí! ¡Hola!

Los secretos revelados en este capítulo

. El Condicional Jussivo se forma de la siguiente manera: la caída final de nūn (a excepción del nūn del plural femenino) y se agrega un alif para las personas masculinas en plural, después de la caída del nūn.

. Para todas las demás personas, la última raíz se vocaliza con un sukun.

. Algunas partículas son polivalentes: hay y hay entre ellas.

. La partícula que está delante del Condicional Jussive crea el Imperativo Negativo, mientras que la partícula Li, el Exhortativo.

. El Pasado se puede negar con la partícula lam frente al Condicional Jussivo; es una forma muy elegante y utilizada, casi exclusivamente, por escrito y no por habla.

26. DESCUBRE EL SECRETO MÁS INTRIGANTE DE LA LENGUA ÁRABE (Parte III)

26.1. Otros idiomas y religiones del norte de África y Oriente Medio

La inmensidad del territorio conquistado por los musulmanes a lo largo de los siglos explica la multiculturalidad de las regiones donde se habla el árabe; pero no todos hablan solo árabe o se han convertido al Islam. A continuación, echaremos un vistazo a los grupos étnicos y religiosos más grandes que viven junto a los árabes musulmanes.

Magreb: Aquí encontramos a los **Bereberes**, que son los pueblos originarios de los países del norte de África cuya lengua es el bereber. Se islamizaron durante el siglo VIII cuando sus tierras fueron conquistadas por los árabes musulmanes.

Después de la descolonización, sufrieron represiones para ser "arabizados" y solo después de varios enfrentamientos Argelia y Marruecos reconocieron su cultura e idioma, oficialmente a principios de la década de 2000.

Egipto y Sudán: En estas zonas encontramos a los cristianos coptos, la mayor comunidad cristiana de Oriente Medio, que solo en Egipto representa casi el 10% de la población.

Su idioma oficial es ahora el árabe y el copto se usa solo en algunos servicios religiosos.

Países simulados: Esta es la zona más salpicada de diferentes grupos étnicos y religiones. Allí encontramos a los cristianos maronitas en el Líbano, los asirios, armenios y sirios de religión cristiana en Siria. En este último país, en el norte, también encontramos a los kurdos, un pueblo heterogéneo en cuanto a lengua y religión, dividido entre Siria, Irak, Irán y Turquía.

Países del Golfo: Una de las minorías más grandes es la de los kurdos, que residen principalmente en Irak.

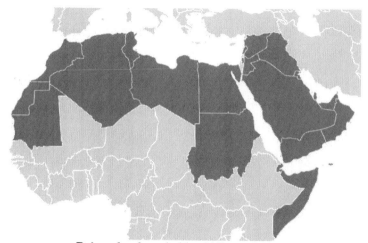

Países donde se habla el idioma árabe

26.2. Forma VII, VIII y X

Hoy les presento las tres últimas formas derivadas. Como habrás notado, **falta el IX** que, de hecho, no se explicará, ya que se usa poco y para lo cual debiste haber estudiado un tipo de conjugación que no abordaremos en este manual.

Las tres conjugaciones tienen en común el hecho de que se debe agregar un alif al tiempo pasado, vocalizado con una kasra / i al frente, o los tres radicales o las demás letras que deben agregarse, específicas de cada forma.

Este alif, como el *alif* de la cuarta forma, luego desaparece en la conjugación del presente.

¡Veámoslos todos en detalle!

Forma VII

. **Valor**: esta forma es la **forma reflexiva** de I.

. **Formación**: Además de la adición del *alif* vocalizado con el kasra / i, también se agrega un *nūn* con el *sukun* delante de los tres radicales.

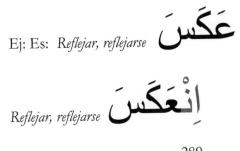

Ej: Es: *Reflejar, reflejarse* عَكَسَ

Reflejar, reflejarse اِنْعَكَسَ

. **Pasado:** Para combinar las distintas personas en tiempo pasado, solo es necesario agregar las terminaciones específicas de cada persona.

. **Presente:** Como ya se mencionó, el *alif* vocalizó con el *kasra* falls; el *nūn*, por otro lado, permanece como está.

Los diversos sufijos y prefijos se añaden y vocalizan de la siguiente manera: una *fatha / a* en el prefijo, *sukun* en el nūn, *fatha / a* en el primer radical, *kasra / i* en el segundo radical.

Como de costumbre, **el último radical sigue reglas "externas", como la persona o la forma del verbo presente.**

A continuación encontrará un ejemplo:

Verbo
أَنْعَكِسُ
تَنْعَكِسُ   تَنْعَكِسِينَ
يَنْعَكِسُ   تَنْعَكِسُ
يَنْعَكِسَانِ   تَنْعَكِسَانِ
نَنْعَكِسُ
تَنْعَكِسُونَ   تَنْعَكِسْنَ
تَنْعَكِسَانِ
يَنْعَكِسُونَ   يَنْعَكِسْنَ

Traducción	Trasliteración
Me reflejo	Artafi'u
Te reflejas (m y f.)	Tartafi'u Tartafi'ina
Se refleja(m y f.)	yartafi'u Tartafi'u
Se refleja (ellos dos m y f.)	Yartafi'āni tartafi āni
Nos reflejamos	nartafi'u
Os reflejáis (m y f.)	Tartafi'ūna Tartafi'na
Os reflejáis(Ustedes dos)	Tartafi'āni
Se reflejan (m y f.)	Yartafi'ūna Yartafi'na

Forma VIII

. **Valor**: Esta forma es también la **forma reflexiva** de I, pero a menudo, también tiene su **propio valor transitivo** o incluso el mismo significado que I.

. **Formación**: Además de la adición del *alif* vocalizado con el *kasra / i*, entre el primer y el segundo radical se interpone a ta, vocalizado con un *fatha / a*. Además, se coloca un *sukun* en el primer radical.

Ej: subir, sujetar:

Subirse Sujetarse:

. **Tiempo pasado**: al igual que la forma VII también la VIII, mantiene todas sus letras agregadas y solo agrega las terminaciones habituales.

. **Presente**: Aquí también la forma VIII sigue el esquema de la VII, por lo tanto: se elimina el *alif* vocalizado con *kasra / i* y luego se agregan prefijos y terminaciones de las diversas personas.

La vocalización tiene el siguiente ritmo: *fatha / a* en el prefijo, *sukun* en el primer radical, *fatha / a* en la ta añadida, *kasra / i* en el segundo radical. El último radical sigue otras reglas.

A continuación, encontrarás un ejemplo del verbo anterior. Solo quiero aclarar que el verbo "subir" se suele usar para los precios o, en todo caso, se refiere a un objeto.

Verbo
أَرْتَفِعُ
تَرْتَفِعِينَ   تَرْتَفِعُ
يَرْتَفِعُ   تَرْتَفِعُ
يَرْتَفِعانِ   تَرْتَفِعانِ
نَرْتَفِعُ
تَرْتَفِعُونَ   تَرْتَفِعْنَ
تَرْتَفِعانِ
يَرْتَفِعُونَ   يَرْتَفِعْنَ

Traducción	Trasliteración
Me subo	Artafi'u
Te subes(m y f.)	Tartafi'u Tartafi'īna
Se sube (m eyf.)	yartafi'u Tartafi'u
Ustedes suben (ellos dos, m y f.)	Yartafi'āni tartafi āni
Nos subimos	nartafi'u
Os subís (m y f.)	Tartafi'ūna Tartafi'na
Os subís (vosotros dos)	Tartafi'āni
Se suben (m y f.)	Yartafi'ūna Yartafi'na

Forma X

. **Valor**: esta forma a menudo agrega una pregunta o un **valor de solicitud** al verbo base, es decir, la primera forma.

. **Formación**: Al verbo de la forma I, debemos agregar este pequeño grupo de letras اِسْتَ (ista), escribiéndolo antes de los tres radicales.

Además, la primera raíz debe vocalizarse con un sukun.

Ej: saber, saber: عَلِمَ

Pregunte por noticias de: اِسْتَعْلَمَ

. **Tiempo pasado**: Al igual que con las dos formas anteriores, todas las letras agregadas se mantienen y se agregan las terminaciones.

. **Presente**: En cuanto a las dos formas anteriores, el alif inicial se cae y el verbo con el nuevo prefijo سْتَ permanece.

Por tanto, la vocalización seguirá este ritmo: *fatha / a* en el prefijo; entonces habrá el símbolo del prefijo de la forma "*sta*", *sukun* en el primer radical, *kasra* en el segundo radical.

296

El tercer radical sigue las reglas externas.

Verbo
أَسْتَعْلِمُ
تَسْتَعْلِمِينَ تَسْتَعْلِمُ
يَسْتَعْلِمُ تَسْتَعْلِمُ
يَسْتَعْلِمانِ تَسْتَعْلِمانِ
نَسْتَعْلِمُ
تَسْتَعْلِمُونَ تَسْتَعْلِمْنَ
تَسْتَعْلِمانِ
يَسْتَعْلِمُونَ يَسْتَعْلِمْنَ

Traducción	Trasliteración
Pido noticias	Asta'limu
Pides noticias (m y f)	Tasta'limu Tasta'limīna
Pide noticias (m y f.)	Yasta'limu Tasta'limu
Piden noticias (ellos dos, m y f.)	Yasta'limāni Tasta'limāni
Pedimos noticias	Nasta'limu
Pedís noticias (m y f.)	Tasta'limūna Tasta'limna
Pedís noticias (vosotros dos)	Tasta'limāni

26. Un poco de ejercicios

También hoy les pediré que completen una tabla, que les ayudará a memorizar mejor todas estas nuevas formas.

Tendrás un verbo en pasado o presente y tendrás que entender la forma, la persona y, finalmente, completar el tiempo que falta en la misma forma y persona.

Buena suerte y no tengas prisa.

Forma	Pasado	Presente
	اِسْتَخْرَجْتُ	
		تَقْتَرِبِين
		نَكْتَمِل
	إنصرفوا	
	انطرح	
		تنطبعان
	استسلمتم	

26.4 . Soluciones

Para realizar con éxito el ejercicio en cuestión, primero debe comprender la forma: elimine las letras que crea que son características de la forma; luego intente comprender a la persona y repase mentalmente (o incluso anótelos) los prefijos y terminaciones. Finalmente, solo tienes que vocalizar y conjugar el verbo en el tiempo faltante.

Forma	Pasado	Presente
X	اِسْتَخْرَجَتْ	تَسْتَخْرِجُ
VIII	اِقْتَرَبْتِ	تَقْتَرِبِينَ
VIII	اِكْتَمَلْنا	نَكْتَمِلُ
VII	اِنْصَرَفُوا	يَنْصَرِفونَ
VII	اِنْطَرَحَ	يَنْطَرِحُ
VII	اِنْطَبَعَتا	تَنْطَبِعانِ
X	اِسْتَسْلَمْتُمْ	تَسْتَسْلِمونَ

300

Los secretos revelados en este capítulo

. Estas tres últimas formas tienen dos características comunes: tienen un alif vocalizado con la kasra / i al principio del verbo, que cae en la conjugación del presente; tienen una o más letras agregadas que permanecen en la conjugación del presente.

. Letras características, agregadas después del alif con kasra:

VII: un nūn antes de los tres radicales
VIII: una ta entre el primer y el segundo radical X: la "sílaba" está antes de los radicales.

27. ADJETIVOS Y PRONOMBRES INDEFINIDOS

27.1. Los indefinidos: que son y como se usan

Los adjetivos indefinidos se utilizan para describir, de manera imprecisa, **a alguien o algo.**

Se pueden dividir entre los adjetivos que expresan Cantidad y los que expresan **Identidad.**

Sin embargo, al contrario de nuestras lenguas europeas, no se consideran verdaderos adjetivos.

Son invariables ya que, casi siempre, son el primer término de un Estado Construido.

Son declinables y su caso depende de la función que desempeñan dentro de la oración.

Tabla de adjetivos "indefinidos" indicando cuantitad:

Ajet. indefinido		Traducción	Trasliteración
Ssustantivo determinado en caso oblicuo	كُلّ +	Todo, a, todos, todas	Kull
Ssutantivo determinado en caso oblicuo	بَعْض +	Unos, unas	Ba'D
Sustantivo Indeterminado en caso oblicuo	عِدَّة +	Numerosos, as	'idda
Sustantivo indeterminado en caso oblicuo	+ كُلّ	Cada	kull
Sistantivo indeterminado <u>sin</u> tranwin en caso acusativo	+ لا	Ninguno/a	lā

Entonces, como habrás notado, a lo que debes prestar

atención es al sustantivo que sigue; كُلّ puede indicar

"todo" y "Every" basado en si el sustantivo que sigue o no.

Tomaremos ahora un par de ejemplos, antes de examinar los adjetivos indefinidos que indican identidad.

Ej: Todas las chicas entraron a la escuela.

دَخَلَتْ كُلُّ البَناتِ إلى المَدْرَسَةِ

Dakhalat kullu l-banāti ilā l madrasati

NB ¡El verbo no concuerda con *kull* o cualquier adjetivo indefinido sino con el segundo término del estado de construcción!

¡Nuestro perro ladra cada noche!

يَنْبَحُ كَلْبُنا كُلَّ لَيْلَةٍ !

yanbaHu kalbunā kulla laylatin!

Ladrar: 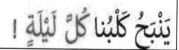 نَبَحَ

Tabla de los **adjetivos indefinidos** indicando **identitad:**

Adj. indefinido		Traducción	Trasliteración
Sustantivo determinando el caso oblicuo	+ نَفْس	Mismo, a. os, as	nafs
Sustantivo determinando en caso oblicuo	+ أيّ	Cualquiera	Adv.
Siguen el sustantivo	آخر	Otro	ākhar
	آخَرون	Otros	Ākharūn
	أُخْرى	Otra	ukrā
	أُخْرَيات	Otras	ukhrayāt

Aquí vemos unos ejemplos.

Es: *Hemos estudiado el mismo libro.*

دَرَسْنا نَفْسَ الكتابِ

Darasnā nafsa l-kitābi

Es: *Decidieron de mudarse a otra ciudad.*

(mudarse  VIII forma)

قَرَّروا أَنْ يَنْتَقِلوا إلى مَدينَةٍ أُخْرى

Qarrarū an yantaqilū ilā madinatin ukhrā

27.2. Pronombres indefinidos

Para formar los Pronombres Indefinidos basta con utilizar los Adjetivos Indefinidos, seguidos de las partículas que expresan el adjetivo posesivo, indicando el sustantivo que reemplazan y al que reemplazan.

Aquí hay un ejemplo:

Encontré todas tus amigas y son todas simpáticas.

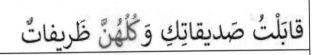

قَابَلْتُ صَديقاتِكِ وَ كُلُهُنَّ ظَريفاتٌ

Qābaltu ṣadīqātiki wa kulluhunna Ṭarifātun

27.3. ¡Práctica!

Vocalizar, traducir y completar el pequeño pasaje que sigue con los **adjetivos indefinidos** adecuados.

¡Usa el vocabulario y no te apresures!

نفس — بعض — كل — بعضها — كل — نفس

... عام تسافر كلاوديا وصديقتها معا في الصيف لتدرسا اللغة العربية.

تتقابلان و تتكلمان و تحجزان ... المدرسة و ... البيت.

هذه المرة ليس القرار سهلا لأن المدينة التي قررتا أن تذهبا إليها غنية بالمدارس الجيدة.

... المدارس جيدة للموقف و ... جيدة للمنهج الذي تقدمها

تتكلمان و تدرسان حلا ... اليوم و بالنهاية تقرران مدرسة جيدة و قريبة من البحر.

Un poco de léxico:

عام	Año	قَدَّم يُقَدِّم	Presentar, oferecer
قُرار	Decisión	حَلّ	Solución
غنى ب	Rico de	بالنهاية	Al final
مَوقِف	posición	قَريب مِن	Acerca de

كُلَّ عامٍ تُسافِرُ كلاوديا وصَديقتُها معًا في الصيفِ لِتَدْرُسا اللّغة العربية.

تَتَقابَلانِ و تَتَكَلّمانِ و تَحْجُزانِ نَفْسَ المَدْرَسةِ و نَفْسَ البَيْتِ.

هذِهِ المَرَةَ لَيْسَ القَرارُ سَهْلًا لأنَّ المدينةَ الَّتي قَرَّرَتا أنْ تَذْهَبا إليها غَنِيَّةٌ بِالمَدارِسِ الجَيِّدةِ.

بَعْضُ المدارِسِ جَيِّدةٌ لِلْمَوْقِفِ و بَعْضُها جَيِّدةٌ لِلْمَنْهَجِ الَّذي تُقَدِّمُها

تَتَكَلّمانِ و تَدْرُسانِ حَلًّا كُلَّ اليومِ و بالنهايةِ تَحْجُزانِ مَدْرَسةً جيدةً و قريبةً مِن البَحْرِ.

Traducción:

Todos los años, Claudia y su amiga se van juntas durante el verano para estudiar árabe.

Se encuentran, hablan y reservan la misma escuela y la misma casa. Este año la elección no es fácil; porque la ciudad a la que han decidido ir está llena de buenas escuelas.

Algunas escuelas son buenas por su ubicación y otras (literalmente algunas de ellas) por el programa que ofrecen.

Hablan y estudian una solución todo el día y eventualmente reservan una buena escuela cerca del mar.

Los secretos revelados en este capítulo

. Lo que corresponde a nuestros adjetivos indefinidos, en árabe se expresa a través de partículas que siguen las reglas de los adjetivos comunes: se colocan antes del sustantivo al que se refieren, siendo el primer término de un estado de constructo y son invariables. En cambio, pueden ser rechazados y su caso, por lo tanto, depende del caso que jueguen dentro de la sentencia.

. Recuerde que kull se usa para traducir tanto "todos" como "todos, a, i y".

. Para formar pronombres indefinidos, se utilizan los mismos adjetivos indefinidos, seguidos de una partícula que indica el sustantivo que reemplazan.

28. CÓMO PUEDO ENRIQUECER EL LÉXICO CON MUY POCAS REGLAS (Parte II)

Con este capítulo seguimos descubriendo la belleza de esta lengua semítica, que con pocas raíces nos permite aprender, comprender y entrenar una cantidad innumerable de palabras y, por tanto, describir el mundo que nos rodea de la mejor manera posible.

Volveremos a hablar de raíces y esquemas; esas famosas prendas que alguna vez lucidas desde la raíz, dan vida a una palabra precisa y única.

En el primer párrafo veremos cómo el **Participio presente y participio pasado**.

En el segundo analizaremos el masdar de cada forma derivada, que, a diferencia de la primera forma, tiene reglas fijas para este sustantivo / verbo tan particular.

Los participios son fundamentales en el estudio de una lengua, ya que indican al que realiza una determinada acción (el presente) o al que sufre una acción (pasado) y por tanto dan vida a los adjetivos, sustantivos y "verbos".

313

28.1. Participio pasado y presente: ¿es realmente así de simple?

I FORMA

Los participios de la primera forma siguen una regla diferente a la seguida por las formas derivadas; sin embargo, es una regla que se aplica a todos los verbos de la primera forma.

. Participio presente / activo

Para formarlo necesitas:

1.   Interponer, entre el primer y segundo radical del verbo, *un alif*.
2.   Vocaliza el segundo radical con kasra / i.

Tomemos algunos ejemplos:

Significado	Part. presente	significado	radicales
Escritor, (él) que escribe	كَاتِب	escribir	ك ت ب
Bailarín, (él) que baila	راقِص	bailar	ر ق ص
Estudiante, (él) que pregunta	طالِب	pedir	ط ل ب

La mayoría de las veces, el vínculo entre los radicales es muy directo, como en los dos primeros ejemplos; a veces menos, como en el último ejemplo.

. Participio pasado / pasivo

Para formarlo:
1.   Coloque un mim vocalizado con la fatha / a antes de los tres radicales.
2.   Pon un sukun en la primera raíz.
3.   Interponer un wau entre el segundo y tercer radical.

Significado	Part. presente	significado	radicales
Estudiar, (lo) que ha sido estudiado	مَدْرُوس	estudiar	د ر س
Comprendido, comprensible; significado,* concepto	مَفْهُوم	comprender	ف ه م
Cocido, cocinado	مَطْبُوخ	cocinar	ط ب خ

a veces el participio puede tener un valor menos directo y también dar lugar a un sustantivo, así como a un adjetivo.

Todas las formas derivadas

. Participio presente / activo

Para formarlo:
1.   Conjuga el verbo en tercera persona del singular del presente de indicativo.
2.   Suelta el prefijo.
3.   Ponga un mim expresado con damma / u en lugar del prefijo.

Significado	Part. presente	presente	Forma y significado
Profesor	مُعَلِّم	يُعَلِّمُ	2º Enseñar
muslím	مُسْلِم	يُسْلِمُ	4º Embrezar el Islam
consumidor	مُسْتَهْلِك	يَسْتَهْلِكُ	10º consumir

. Participio pasado / pasivo

Para formarlo:
Realice el mismo procedimiento que sigue para formar el participio presente pero vocalice el segundo radical (¡no la segunda letra!) Con una fatha / a.

Significado	Part. presente	presente	Forma y significado
específico	مُحَدَّد	يحَدِّدُ	2° Definir, especificar
sociedad	مُجْتَمَع	يَجْتَمِعُ	8° reunirse
consumido	مُسْتَهْلَك	يَسْتَهْلِكُ	10° consumir

28.2. El masdar de formas derivadas

Como se anticipó en el capítulo sobre masdar, sigue reglas muy precisas en sus formas derivadas y no debe aprenderse de memoria, como en la primera forma.

Hoy solo veremos los tres primeros, ya que necesitarás tener tiempo para memorizarlos y practicarlos. Durante los próximos dos días completaremos todos los formularios.

Sin embargo, antes de analizarlos, debes saber que todas estas formas tienen algo en común: la formación del plural.

Para formar el plural de estas formas, el morfema del plural femenino saludable debe agregarse al singular (¡incluso si es masculino!), Es decir,

II forma

Es uno de los más complicados y para formarlo necesitas:

. Coloque una ta antes de los tres radicales.
. Pon un sukun en la primera raíz.
. Interponga una ī entre el segundo y tercer radical.

Significado	masdar	significado	verbo
presentación	تَقْدِيم	presentar	قَدَّمَ

III forma

Debemos partir del pasado conjugado a la tercera persona masculina y luego:

. Prepara un mim vocalizado en *damma* / u.
. Al final agregue un *ta marbuta*.

Significado	masdar	significado	verbo
ayuda	مُساعَدَة	Ayudar	ساعَدَ

319

IV forma

Debemos partir del pasado conjugado a la tercera persona masculina y luego:

. Cambia la vocalización del hamza inicial: de fatha / a a kasra / i.
. Interponer un alif entre el segundo y tercer radical.

Significado	masdar	significado	verbo
Cerrar,	إغْلاق	Cerrar	أغْلَقُونَ

28.3. ¡Entrena un poco!

Hoy tienes una nueva tabla para completar. Los rectángulos en los que encuentras una cruz todavía no se pueden completar, así que finge que no existen por el momento.

Part presente	masdar	presente	passato	forma
	تَمْرين			
		يُقابِلُ		
مُنْفَصِل	X			
			أَظْلَمَ	
	إعْلان			
	X	يَجْتَهِدُ		
مُتَنَقِّل	X			
	كِتابة			
عالِم				
	مُواجَهة			

28.4 Llaves

part. presente	masdar	presente	passato	forma
مُمَرِّن	تَمْرين	يُمَرِّنُ	مَرَّنَ	2°
مُقابِل	مُقابَلَة	يُقابِلُ	قابَلَ	3°
مُنْفَصِل	X	يَنْفَصِل	اِنْفَصَلَ	7°
مُظْلِم	إظْلام	يُظْلِمُ	أظْلَمَ	4°
مُعْلِن	إعْلان	يُعْلِنُ	أعْلَنَ	4°
مُجْتَهِد	X	يَجْتَهِدُ	اِجْتَهَدَ	8°
مُتَنَقِّل	X	يَتَنَقَّلُ	تَنَقَّلَ	5°
كاتِب	كِتابة	يَكْتُبُ	كَتَبَ	1°
عالِم	عِلْم	يَعْلَمُ	عَلِمَ	1°
مُواجِه	مُواجَهَة	يُواجِهُ	واجَهَ	3°

Los secretos revelados en este capítulo

. Los participios presente y pasado siguen reglas precisas, dependiendo de su forma y solo la primera forma tiene una "base" diferente.

. El masdar de las formas derivadas también es regular y cada forma sigue una regla muy precisa.

. Además de la regularidad, los masdars de las formas derivadas tienen en común la formación del plural.

29. MASDAR E IMPERATIVO DE LAS TRES ÚLTIMAS FORMAS DERIVADAS

Ahora está casi al final del primer mes de estudio del idioma árabe y, por lo tanto, es importante que tenga cierto dominio de las formas derivadas y la construcción de una oración.

Al final de este día, finalmente tendrá una imagen completa de las formas derivadas y la formación de oraciones relativas.

29.1. El masdar de las formas VII, VIII y X

Partimos de la tercera persona del singular y realizamos los siguientes cambios:

. En lugar del prefijo, reaparece el hamza inicial y su vocalización permanece kasra / i.

. La letra que sigue a la que tiene el (primer) sukun se vocaliza en kasra / i en lugar de fatha / a.

. Un alif se interpone entre el segundo y tercer radical (no letra).

Por lo tanto, el masdar se convierte en:

Significado	masdar	Significado	Verbo al presente	Forma
separación	الانْفِصال	Separarse	يَنْفَصِلُ	7°
Esfuerzo	اجْتِهاد	esforzarse	يَجْتَهِدُ	8°
Submission	اسْتِسْلام	arrenderse	يِسْتَسْلِمُ	10°

29.2. El imperativo de las formas VII, VIII y X

Para formarlo, basta con seguir la regla que ya se ha explicado en los capítulos anteriores. Por lo tanto:

. Partimos del presente y dejamos caer el prefijo.

. Si, al hacerlo, la primera letra es sorda, se agrega un alif hamza expresado en kasra / i.

. Dependiendo de la persona, el damma / u del último radical se reemplaza con el sukun o el nūn final se elimina.

. Para los plurales masculinos, también se agrega un alif después de eliminar el nūn.

imperativo	Presente indicativo	persona	Forma
اِنْفَصِلْ	تَنْفَصِلُ	2°m.s.	7°
اِجْتَهِدي	تَجْتَهِدينَ	2°f.s.	8°
اِسْتَسْلِموا	تَسْتَسْلِمونَ	2°m.p.	10°

29.3. Profundización y finalización de la Oración relativa

Con este párrafo, también completamos otro tema ya presentado y analizado en los capítulos anteriores, agregando dos nuevos pronombres relativos y subrayando tres particularidades y dificultades de la construcción de la oración relativa en árabe.

. Los nuevos pronombres relativos son: mā y min, que indican respectivamente "qué" y "él quién, quién", para indicar a alguien de forma genérica. Obviamente, las reglas ya establecidas siguen.

Deberá prestar mucha atención al pronombre relativo mā, ya que, colocado delante de un verbo en tiempo pasado, puede ser engañoso. Pero las reglas de la oración relativa te ayudarán, ya que, si su función es la de complemento de objeto en la oración relativa, el verbo tendrá un pronombre adjunto al final. Pronombre que no estaría presente de otra manera.

Ej: *Lo que entiendo está mal* (incorrecto: غَلَطَ)

ما فَهِمتُهُ غَلَطٌ
Mā fahimtuhu gharalaṭun

. **Primera peculiaridad**: el pronombre relativo se encuentra solo si se determina el antecedente. Si no es así, se siguen todas las reglas enumeradas anteriormente pero SIN la presencia del pronombre relativo.

Ej.

Encontré a un chico italiano hablando árabe!

قَابَلْتُ شَابًّا إِيطَالِيًّا يَتَكَلَّمُ اللُّغَةَ العَرَبِية

Qābaltu shabban iītālyyan yatakallamu al-lughata al
al 'arabyyata

. **Segunda peculiaridad**: ya hemos explicado que, cuando queremos construir una oración relativa en la que el pronombre relativo tiene la función de complemento indirecto, debemos poner, después del verbo de la oración relativa, una preposición que especifique qué complemento indirecto queremos expresar.

Pero, cuando el complemento es el de especificación, ¿cómo se hace? No hay una preposición adecuada, ya que existe el estado de construcción, ¿verdad?

Para expresar este complemento, es necesario adjuntar al sujeto de la oración relativa, la partícula que expresa el adjetivo posesivo, acorde en número y género al pronombre relativo que precede al verbo.

329

Ej .: *Claudia, cuyo novio trabaja en Egipto, está estudiando árabe.*

تَدْرُسُ كلاوديا الَّتِي يَعْمَلُ خَطِيبُها فِي
مِصرَ اللُّغَةَ العَرَبِية

tadrusu Claudia allatī ya'malu khaṭībuhā fī Misra al-lughata al al 'arabyyata

. **Tercera peculiaridad**: cuando la oración relativa es larga y, por lo tanto, se podría perder el hilo y la continuidad de la oración principal, a menudo se agrega un pronombre de sujeto de acuerdo en género y número al sujeto de la oración principal antes del predicado de la oración. main, para aclarar a quién se refiere el predicado.

Ej: *Claudia, cuyo novio trabaja en una gran empresa en Egypto, es simpática.*

كلاوديا الَّتِي يَعْمَلُ خَطِيبُها فِي مِصرَ عِنْدَ
شارِكةٍ كَبِيرَةٍ هِيَ ظَرِيفةٌ

Claudia allatī ya'malu khaṭībuhā 'inda shārikatin kabīratin fī Misra hiya ṭarīfatun

330

29.4. Ejercicios (sí, lo leíste bien, ¡en plural!)

Como los temas de hoy eran dos, tendrás dos ejercicios. La primera es la mesa ahora habitual. En cambio, el segundo será un nuevo diálogo.

Comencemos con la tabla para completar.

EJERCICIO 1

Imperativo (2°m.s.)	masdar	presente	pasado	Forma
اِقْتَرِبْ				
			اِنْفَجَرَ	
اِنْصَرِفْ				
		يَسْتَخْدِمُ		
اِنْتِظَار				

EJERCICIO 2

En este pequeño pasaje, tendrás que hacer una traducción al árabe, prestando especial atención a los pronombres relativos.

1. Lavé la ropa que dejaste (tú f.) En la cama.

2. Estudié el informe del que me hablaron.

3. El restaurante al que voy a menudo con mi familia no está lejos de casa.

4. Se acercó a un hombre que le pidió información.

29.5. Soluciones

Ejemplo 1

Imperativo (2ᵃm.s.)	masdar	presente	pasado	Forma
اِقْتَرِبْ	اِقْتِراب	يَقْتَرِبُ	اِقْتَرَبَ	8°
اِنْفَجِرْ	اِنْفِجار	يَنْفَجِرُ	اِنْفَجَرَ	7°
اِنْصَرِفْ	اِنْصِراف	يَنْصَرِفُ	اِنْصَرَفَ	7°
اِسْتَخْدِمْ	اِسْتِخْدام	يَسْتَخْدِمُ	اِسْتَخْدَمَ	10°
اِنْتَظِرْ	اِنْتِظار	يَنْتَظِرُ	اِنْتَظَرَ	8°

Ejemplo 2

1غَسَلْتُ المَلابِسَ التي تَرَكْتِها على التَخْتِ

2دَرَسْتُ التَقْريرَ الذي تَكَلَّموا عنْهُ

3لَيْسَ المَطْعَمُ الذي أذْهبُ إليه مِراراً مَعَ أهلي بَعيداً عَنْ بيتي

4اقْتَربَ من رَجُلٍ طَلَبَ منهُ مَعْلومةً

Los secretos revelados en este capítulo

. Hemos analizado los tres últimos masdars y hemos visto que siguen el mismo patrón: un alif hamza vocalizado en kasra / i al principio, sukun, kasra / i y un alif entre el segundo y tercer radical.

. También para el imperativo de las últimas tres formas, es necesario tomar el alif hamza vocalizado en kasra / i, y colocarlo en lugar del prefijo.

. Las frases relativas son bastante complicadas y tienen tres peculiaridades, a las que debemos prestar atención:

1. *La determinación del antecedente influye en la construcción de la oración relativa.*

2. *La construcción de una oración relativa, en el caso en que el pronombre tenga la función de complemento de especificación.*

3. *La presencia de un pronombre entre el sujeto y el predicado de la oración principal, cuando la oración relativa es muy larga.*

30. ¡NÚMEROS EN ÁRABE!

30.1. El papel fundamental de los árabes en nuestro sistema de numeración

Aunque para simplificar, muy a menudo escuchamos que nuestros números son números arábigos, en realidad se puede decir que son números arábigos indios, como musulmanes, durante su expansión hacia el este, en el siglo I del siglo XX. egira (siglo VII), adoptó números indios en su sistema de numeración.

Gracias a ellos y sobre todo al matemático al-Khwarizmi, estos números (que son la verdadera fuente de nuestros números actuales aunque no estén en su forma final), aterrizan en Oriente Medio y el Norte de África.

Luego serán adoptados por algunos grandes eruditos europeos (Fibonacci es el más conocido), que habían estudiado con matemáticos árabes durante el siglo XIII, extendiéndose así por Occidente.

Por eso se conocen como "números arábigos".

Sin embargo, su escritura es ligeramente diferente, en los países árabes y occidentales, pero la similitud en las formas (¡y en ocasiones también en la pronunciación!) Es evidente.

Es suficiente pensar que la palabra"*cifra*", procede del número **cero**, que en árabe se traduce con *ṣifr*.

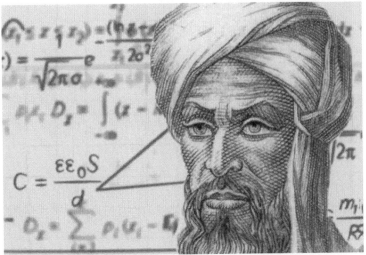

al-Khwārizmī, considerado el padre del álgebra

Su diferencia se debe a que en los países árabes, se siguió utilizando el sistema generalizado en Oriente Medio, mientras los matemáticos ocidentales, que estudiaron con matemáticos árabes, se dieron cuenta del sistema generalizado en el Norte África.

En seguida, encontrarás una tabla con los símbulos de los númroes en árabe y su relativa pronuncia.

30.2. Tabla de numeros (0-10)

Número	Símbolo árabe	trascripción
0	٠	Şifr
1	١	wāHid
2	٢	Ithnān
3	٣	Thalāth
4	٤	Arb'
5	٥	Khams
6	٦	Sitt
7	٧	Sab'
8	٨	Thamānin
9	٩	Tis'
10	١٠	'ashr

30.3. Las (muchas) reglas de los números

Si dejé este tema en último lugar, no es casualidad. Las reglas que gravitan en torno a los números son muchas y pueden crear mucha confusión para un estudiante novato. Sin embargo, están muy extendidos e importantes, por lo que es correcto que los aprenda.

Las reglas son muchas, ya que hay variaciones no solo en la gramática del número en sí, sino también en la del objeto contado.

Hay al menos 5 conjuntos de reglas, para 5 conjuntos de números y su tema. Veamos.

30.3.1. Las reglas para los números 1 y 2

Estos dos son los únicos números que se comportan como cualquier adjetivo:

. Se escriben después del objeto contado.

. En general, coinciden con el azar con el objeto contado.

Ej: *He tomado un bolígrafo (**)*

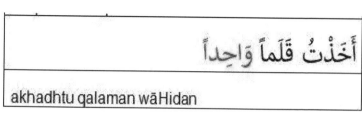

akhadhtu qalaman wāHidan

. **Desde ahora la posición de los números siempre será antes el objeto contado.**

30.3.2. Las reglas para los números de 3 a 10

Numero		Objeto contado
caso	Es el primer término de cada constructo A según de la función que desempeña en la frase puede ser Nominativo, Acusativo y oblicuo	Es el segundo término del estado constructo Siempre en caso oblicuo indeterminado
Género y número	Opuesto al género del singular del objeto contado	Depende de cada sustantivo, escrito al plural

Ej. *He tomado trés boligrafos.*

akhadhtu thalāthata aqlāmin

Ej: *Conocí a cuatro amigas en la plaza.*

qābaltu arba'a ṣadīqātin fi l SāHati

Avenida :

A partir de ahora preste atención a la posición de los números: las unidades SIEMPRE se escriben y se pronuncian antes de las decenas.

30.3.4. Las reglas para los números 13-19

Número			Objeto contado
	decena	unidad	
caso	Acusativo determinado, Sin el artículo	Acusativo determinado, Sin el artículo	Acusativo indeterminado
Género y número	Conceurda con el objeto contado	Concuerda con el objeto contado	Es en relación a cada sutantivo, escrito al singular

Ej: **Conoce** *dieci-séis* **idiomas!**

يَعْرِفُ سِتَّ عَشَرَةَ لُغَةً

Ya'rifu sitta 'asharata lughatan

30.3.5. Las regras para los números de 20 a 99

Por lo que concierne esos números compuestos **siempre
una wa es añadida (y de conjunción entre la unidad y la
decena.**

Para formar el número 29 hay que formar el dual de 10.
Para formar otras decenas, hay que añadir las desinencias del
plural m asculino regular, a las unidades corrispondentes

Número			Objeto contado
	decena	Unidad	
caso	A según de la función que tenga en la frase puede ser nominativo, acusativo y oblicuo	A según de la función que tenga en la frase puede ser nominativo, acusativo y oblicuo con el tanwin	Acusativo indeterminado
Género y número	Siempre masculino	Opuesto al género del singular del objeto contado excepto las dos primeras unidades de cada década	Depende de cada sustantivo, que se escribirá en singular.

Ej: *21 estudiantes portiron para Itália.*

سافَرَ واحِدٌ وَ عَشرونَ طالباً إلى إيطاليا
Sāfara wāHidun wa 'ashrūna ṭāliban ilā Iṭālīā

(partir para: سَافَرَ إلى)

Ej: *este artista ha pintado 35 cuadros.*

رَسَمَ هٰذا الفَنَّانُ خَمْساً وَ ثَلاثين لَوْحَةً
rasama hādhā al-fannānu khamasan wa thālathin lauHatan

(pintar: رَسَمَ) (artista: فَنَّان)

(quadro: لَوْحَة)

30.4. ¡A practicar!

Traduces las frase seguentes en árabe:

1.   *Se reuniron 11 doctoras*

2.   *He atendido a 5 clases.*

3.   *Los trabajadores han formado un sindicado.*

4.   *Ese grupo musical se exibió el 23 octubre.*

5.   *En ese diario trabajan 24 periodistas.*

30.5. Llaves

1اِجْتَمَعَتْ إِحْدى عَشَرةَ طَبيبةً

2حَضَرْتُ خَمْسةَ دُرُوسٍ اليومَ

3شَكَّلَ العُمَّالُ نِقابةً واحدةً

4لَعِبَتْ هذِهِ الفَريقُ في ثَلاثٍ وَ عَشْرينَ مَدينةً

5يَعْمَلُ في هذِهِ الجريدةِ سَبْعةَ عَشَرَ صَحَافيونَ

Los segretos revelados en ese capítulo

. Hay muchísimas reglas alrededor de los números, pero podemos dividirle en 5 números: 1-2 ; 3-10; 11-12; 13- 19; 20-99.

. Las diferencias principales afectan la posición del número en respecto al objeto enumerado, el caso y el género en respecto al objeto enumerado; el caso del objeto enumerado; la diferencia que afecta y encabeza las decenas y la que afecta y encabeza las unidades.

.Acuérdate que hay una conjunción entre las decenas y las unidades, para los números entre 11 y 18 y están formados por una SOLA palabra.

CONCLUSIONES

Y nuestro viaje a la descuberta de la lengua árabe termina aquí.
Por lo tanto, nos despedimos pero tú e la lengua árabe acabáis de conoceros. Estás solamente al empiezo de esa adventura fantástica y intrigante; otras magias, y novedades se quederán con el esperarte.
Si no ves la hora de profundizar aún más lo que acabas de aprender, te envito a dar una vuelta a lo que has léido y que has aprendido en un cierre de ojos.

Acabas de estudiar un tipo de escritura y de sonidos completamente nuevos; te acostrumbraste con el manejar uno tipos de constrcutos nuevos; he dirigido tu cabeza hacia una msnera diferente de reflexionar y de codificar el mundo exterior. Eso no es poco para un auto-aprendente, y aunque muchas cosas no te resulten acalaradas en tu cabeza te consejo de estudiar ese libro vivamente. Al volver a leer, verás que te aparecerá más claro todo.
La lengua árabe como habrás ciertamente notado a lo largo de ese libro se diferencia de nuestra por el nivel verbal destacando las personas masculinas de la femininas, no utiliza el verbo al tiempo presente y, ¿has notado que la lengua árabe se destaca por muchos aspectos de la nuestra?
Por ejemplo a según de la manera de escribir las desinencias de un verbo, el aspecto verbal varía al presente.

tramite piccolissimi cambiamenti delle desinenze di un verbo al presente, si possono creare modi molti diversi tra loro.

Por lo que concierne las diferentes construcciones, habrás notado que debes tener mucho cuidado a la orden de las palabras en las frases relativas al estado de costructo, y al uso

351

del artículo, más en general. Esas construcciones son diferentes de las nuestras y, por lo tanto no es fácil aprenderlas de memoria.

Pero espero que habrás notado las diferencias de esa lengua, que rueda alrededor tres radicales, es decir tres letras que llevan un significado y, que no tenendo muchos vestidos (los esquemas famosos) se visten de un significado nuevo; siempre lo mismo, a medida del vestido pero, nunca más lejano del siginficado de los tres radicales.

Ese típico aspecto de las lenguas semitas, es a lo mejor, él que más se discuesta de nuestra manera de reflexionar, sino que es el más fascinado. Con un poco de constancia verás lo bueno que es saber jugar con esos tres radicales.

Espero de haber sido razón de curiosidad por tí el descubrir informaciones sobre el ascpecto cultural ligado al mundo árabe-musulimano, con sus pilares y sus festivitades, desde la religón a la historia y a las ciencias, para que tú compriendas, por fin, cúuanto la heulla árabe sea antigua y cúanto haya afectado nuestra culturas a lo largo de los siglos.

Estás apenas con la cara hacia el estudio de la lengua árabe, pero espero que lo poco que yo te haya fornecido te sirva para hacer un vistazo claro y general sobre los rasgos lingüísticos para ingresar las informaciones correctas y tener major resposabilidad sobre ese mundo no muy lejano fisicamente de nuestra tierra, a unos pasos del Meditéraneo.
Gracias por tu confianza y agradezco haber estado tu profesora de árabe, aunque virtualmente. Espero que mis esfuerzos hayan sido frutuosos para tu aprendistaje de la lengua, que yo entendí en la manera más simple posible en la redacción de ese libro, aunque tenga en cuenta que el estudio

de ese idioma no es fácil porque requiere paciencia y constancia.

Espero, por lo tanto de haber sido una buena comadre para tu aprendistaje del árabe y te doy mis tebeos para que tus deseso lingüísticos te caigan bien y, ¡in sha' Allah!

Fatima